SPIEGEL Edition

PETER HANDKE

Der kurze Brief zum langen Abschied

SPIEGEL-Verlag

Mit einem Nachwort von Mathias Schreiber

Ungekürzte Lizenzausgabe des SPIEGEL-Verlags
Rudolf Augstein GmbH & Co. KG, Hamburg
für die SPIEGEL-Edition 2006/2007

Typografie, Ausstattung, Herstellung
Farnschläder & Mahlstedt Typografie, Hamburg
Gesamtherstellung Clausen & Bosse, Leck
Printed in Germany
ISBN 978-3-87763-038-9

»Und einst, da sie an einem warmen aber trüben Morgen vors Tor hinausgingen, sagte Iffland, dies wäre gutes Wetter, davonzugehen – und das Wetter schien auch so reisemäßig, der Himmel so dicht auf der Erde liegend, die Gegenstände umher so dunkel, gleichsam als sollte die Aufmerksamkeit nur auf die Straße, die man wandern wollte, hingeheftet werden.«

Karl Philipp Moritz, *Anton Reiser*

1. Der kurze Brief

Die Jefferson Street ist eine stille Straße in Providence. Sie führt um die Geschäftsviertel herum und mündet erst im Süden der Stadt, wo sie inzwischen Norwich Street heißt, in die Ausfahrtsstraße nach New York. Hier und dort erweitert sich die Jefferson Street zu kleinen Plätzen, an denen Buchen und Ahornbäume stehen. An einem dieser Plätze, dem Wayland Square, liegt ein größeres Gebäude im Stil englischer Landhäuser, das Hotel WAYLAND MANOR. Als ich Ende April dort ankam, nahm der Portier zugleich mit dem Schlüssel einen Brief aus dem Schlüsselfach und übergab mir beides. Noch vor dem offenen Lift, in dem schon der Liftführer wartete, riß ich den Umschlag auf, der im übrigen kaum zugeklebt war. Der Brief war kurz und lautete: »Ich bin in New York. Bitte such mich nicht, es wäre nicht schön, mich zu finden.«

So weit ich mich zurückerinnern kann, bin ich wie geboren für Entsetzen und Erschrecken gewesen. Holzscheite lagen weit verstreut, still von der Sonne beschienen, draußen im Hof, nachdem ich vor den amerikanischen Bombern ins Haus getragen worden war. Blutstropfen leuchteten an den seitlichen Haustorstufen, wo an den Wochenenden die Hasen geschlachtet wurden. In einer Dämmerung, um so fürchterlicher, als sie noch immer nicht Nacht war, stolperte ich mit lächerlich baumelnden Armen den schon in sich zusammengesunkenen Wald entlang, aus dem nur die Flechten an den vordersten Baumstämmen noch herausschimmerten, rief ab und zu etwas, indem ich stehenblieb, kläglich leise vor Scham, und brüllte schließlich aus der tiefsten Seele, als ich mich vor Entsetzen schon nicht mehr schämen konnte, in den Wald hinein nach jemandem, den ich liebte und der am Morgen in den Wald gegangen und noch nicht herausgekommen war, und wieder lagen weit verstreut im Hof, auch an den Hausmauern haftend, im Sonnenschein die flaumigen Federn geflüchteter Hühner herum.

Ich trat in den Lift hinein, und als der alte Neger dabei sagte, ich sollte auf meinen Schritt achten, stolperte ich über den ein wenig erhöhten Boden der Kabine. Der Neger schloß die Lifttür mit der Hand und schob noch ein Gitter davor; mit einem Hebel setzte er den Lift dann in Bewegung.

Neben dem Personenlift mußte ein Lastenaufzug sein, denn während wir langsam hinauffuhren, begleitete uns nebenan ein Klirren wie von aufeinandergeschichteten Tassen, das die ganze Fahrt hindurch gleichblieb. Ich schaute von dem Brief auf und betrachtete den Liftführer, der mit gesenktem Kopf in der dunklen Ecke am Hebel stand, ohne mich anzuschauen. Fast nur sein weißes Hemd schimmerte aus der tiefblauen Uniform heraus ... Plötzlich, wie es mir oft ergeht, wenn ich mit andern Leuten zusammen in einem Raum bin und eine Zeitlang niemand geredet hat, war ich ganz sicher, daß der Neger mir gegenüber im nächsten Augenblick wahnsinnig werden und sich auf mich stürzen würde. Ich zog die Zeitung aus dem Mantel, die ich noch am Morgen vor der Abfahrt in Boston gekauft hatte, und versuchte, indem ich auf die Schlagzeile deutete, dem Liftführer zu erklären, daß durch die gerade erfolgte Aufwertung einiger europäischer Währungen gegenüber dem Dollar mir nichts übrigbliebe, als all mein umgetauschtes Geld für die Reise zu verbrauchen, weil ich bei einem Rücktausch in Europa viel weniger dafür bekommen würde. Der Liftführer zeigte als Antwort auf den Zeitungsstapel unter der Liftbank, auf dem obenauf die Münzen lagen, die er für die schon verkauften Zeitungen bekommen hatte, und nickte mir zu: die Exemplare der »Providence Tribune« unter der Bank trugen die gleichen Schlagzeilen wie mein Exemplar des »Boston Globe«.

Erleichtert darüber, daß der Liftführer auf mich eingegangen war, suchte ich in der Hosentasche nach einem Geldschein, den ich ihm sofort zustecken könnte, kaum daß er den Koffer im Zimmer abgestellt hätte. Im Zimmer dann hielt ich aber unversehens einen Zehndollarschein in der Hand. Ich nahm ihn in die andre Hand und suchte, ohne das Geldbündel dabei aus der Tasche zu ziehen, nach einer Eindollarnote. Ich befühlte einen Schein und reichte ihn gleich aus der Tasche heraus dem Liftführer. Es war ein Fünfdollarschein, und der Neger schloß sofort die Faust darüber. »Ich bin noch nicht lang genug wieder hier«, sagte ich laut, als ich allein war. Ich ging im Mantel ins Badezimmer und schaute mehr den Spiegel als mich selber an. Dann sah ich einige Haare hinten auf dem Mantel und sagte: »In diesem Bus müssen mir die Haare ausgegangen sein.« Verwundert setzte ich mich auf den Rand der Badewanne, denn zum ersten Mal, seit ich ein Kind gewesen war, hatte ich wieder angefangen, mit mir selber zu reden. Sprach aber das Kind eher laut, um sich eine Gesellschaft vorzuspielen, so konnte ich mir hier, wo ich erst einmal schauen statt teilnehmen wollte, mein Selbstgespräch nicht erklären. Ich mußte kichern und schlug mir schließlich, wie im Übermut, die Faust an den Kopf, so daß ich beinahe ins Bad hineinrutschte. Der Boden der Badewanne war kreuz und quer mit breiten, hellen Streifen ausgelegt, die Heftpflastern ähnlich sahen und das Ausgleiten verhindern sollten. Zwischen dem Anblick dieser Heftpflaster und dem Gedanken an die Selbstgespräche ergab sich sofort eine Übereinstimmung, die so unverständlich war, daß ich zu kichern aufhörte und ins Zimmer zurückging.

Vor dem Fenster, das in eine weite Parklandschaft mit kleineren Häusern hinausführte, standen hohe Birken. Die Blätter an den Bäumen waren noch klein, und die Sonne schien durch sie durch. Ich schob das Fenster hinauf, zog einen Lehnstuhl heran und setzte mich; die Füße legte ich auf die Zentralheizung, die vom Morgen noch ein bißchen warm war. Der Lehnstuhl stand auf Rädern, und ich rutschte mit ihm hin und her und schaute den Briefumschlag an. Es war ein hellblaues Hotelkuvert; auf der Rückseite mit dem Aufdruck: »Delmonico's, Park Avenue at Fifty-ninth Street, New York«. Der Stempel auf der Vorderseite aber lautete: »Philadelphia, Pa.«; der Brief war schon vor fünf Tagen dort aufgegeben worden. »Am Nachmittag«, sagte ich laut, als ich die Buchstaben »p. m.« auf dem Stempel erblickte.
»Woher hat sie das Geld für die Reise?« fragte ich. »Sie muß viel Geld bei sich haben, ein Zimmer dort kostet sicher dreißig Dollar.« Ich kannte das Delmonico vor allem aus Musicals: Leute vom Land tanzten von der Straße herein und speisten ungeschickt in abgeschlossenen Logen. »Andrerseits hat sie keinen Sinn für Geld, jedenfalls nicht den üblichen. Sie ist nie die Tauschlust der Kinderzeit losgeworden, deswegen ist das Geld für sie wirklich nur ein Tauschmittel geblieben. Sie freut sich über alles, was sich leicht verbrauchen oder wenigstens schnell umtauschen läßt, und beim Geld hat sie beides, Verbrauchen und Umtauschen, in einem.« Ich schaute, so weit ich konnte, und betrachtete eine Kirche, die vom Dunst einer

Baumwollfabrik noch entrückt wurde; dem Stadtplan nach mußte es die Baptistenkirche sein. »Der Brief war sehr lang unterwegs«, sagte ich. »Ob sie inzwischen tot ist?« Auf einem hohen Felskegel hatte ich einmal gegen Abend nach meiner Mutter gesucht. Sie wurde ab und zu schwermütig, und ich glaubte, sie hätte sich, wenn nicht hinuntergestürzt, so doch einfach hinabfallen lassen. Ich stand auf dem Felsen und schaute in den Ort hinunter, wo es schon zu dämmern anfing. Ich sah nichts Besonderes, aber ein paar Frauen, die zusammenstanden, die Einkaufstaschen abgesetzt, wie nach einem Schrecken, und zu denen noch jemand dazutrat, brachten mich darauf, daß ich an den Felsvorsprüngen wieder nach Kleiderfetzen suchte. Ich konnte den Mund nicht mehr aufmachen, die Luft tat mir weh; alles an mir war vor Angst tief nach innen gesunken. Dann wurde unten die Ortsbeleuchtung eingeschaltet, und einige Autos fuhren schon mit Scheinwerferlicht. Auf dem Felsen oben war es ganz still, nur die Grillen zirpten noch. Ich wurde immer schwerer. Auch an der Tankstelle am Ortseingang gingen die Lichter an. Es war doch noch hell! Die Leute auf der Straße gingen schneller. Während ich mit kleinen Schritten auf dem Felskopf hin und her trat, beobachtete ich, wie sich unter ihnen jemand sehr langsam bewegte, und daran erkannte ich die Mutter, die in der letzten Zeit alles sehr langsam tat. Sie ging auch nicht gerade über die Straße wie sonst, sondern überquerte sie in einer langen Diagonale.

Ich rollte mit dem Stuhl zum Nachtkästchen und ließ mich mit dem Hotel Delmonico in New York verbinden. Erst als ich Judiths Mädchennamen nannte, fand man sie im Verzeichnis. Sie war vor fünf Tagen abgereist, ohne eine Nachsendeadresse zu hinterlassen; in ihrem Zimmer war im übrigen ein Fotoapparat liegengeblieben: ob man den an ihre europäische

Adresse schicken sollte? Ich antwortete, daß ich morgen nach New York kommen und den Apparat selber abholen würde. »Ja«, wiederholte ich, nachdem ich aufgelegt hatte, »ich bin der Ehemann.« Um nicht wieder kichern zu müssen, rollte ich schnell zum Fenster zurück.

Im Sitzen streifte ich den Mantel ab und blätterte die Reiseschecks durch, die ich noch in Österreich, weil man viel von Raubüberfällen sprach, gegen Bargeld eingetauscht hatte. Der Bankbeamte hatte mir zwar versprochen, die Schecks zu dem gleichen Kurs zurückzunehmen, aber die Freigabe des Wechselkurses jetzt mußte ihn von seinem Versprechen entbinden. »Wie soll ich die ganzen dreitausend Dollar hier verbrauchen?« fragte ich. Plötzlich nahm ich mir vor, mit dem Geld, von dem ich nur aus einer Laune so viel umgetauscht hatte, hier möglichst faul und selbstvergessen zu leben. Ich rief noch einmal das Hotel Delmonico an und wollte ein Zimmer für den nächsten Tag. Als dort keins frei war, bat ich den Portier, wie es mir einfiel, mir ein Zimmer im Waldorf Astoria Hotel zu besorgen: ich unterbrach mich aber und bestellte in Gedanken an F. Scott Fitzgerald, der oft dort gewesen war und dessen Bücher ich gerade las, ein Zimmer im Hotel ALGONQUIN in der Vierundvierzigsten Straße. Dort war auch noch eins frei.

Dann, während ich Wasser ins Bad einlaufen ließ, fiel mir ein, daß Judith das restliche Geld von meinem Konto genommen haben mußte. »Ich hätte ihr keine Vollmacht geben dürfen«, sagte ich, ohne daß es mir freilich etwas ausmachte; es belustigte mich sogar, und ich war neugierig, wie es weitergehen würde, aber nur einen Augenblick, denn als ich sie zuletzt gesehen hatte, an einem Nachmittag langausgestreckt auf ihrem Bett, war sie schon nicht mehr ansprechbar gewesen und hatte so zu mir hergeschaut, daß ich auf dem Weg zu ihr stehenblieb, weil ich ihr nicht mehr helfen konnte.

Ich setzte mich ins Bad und las »Der Große Gatsby« von F. Scott Fitzgerald zu Ende. Es war eine Liebesgeschichte, in der sich ein Mann ein Haus an einer Bucht kauft, nur um jeden Abend in einem Haus an der anderen Seite der Bucht, wo die geliebte Frau mit einem anderen Mann lebt, die Lichter angehen zu sehen. So besessen der große Gatsby von seinem Gefühl war, so schamhaft war er doch; während die Frau, je dringender und schamloser ihre Liebe wurde, sich um so feiger verhielt.
»Ja«, sagte ich: »Einerseits bin ich schamhaft, andrerseits, was meine Gefühle für Judith betrifft, bin ich feig. Ich habe mich immer geniert, ihr gegenüber aus mir herauszugehen. Immer mehr wird mir klar, daß meine Anlage zur Scham, auf der ich immer bestanden habe, weil ich glaubte, daß sie mich nicht einfach alles hinnehmen ließ, eine Art von Feigheit ist, wenn sie zum Maß meiner Liebesgefühle wird. Der große Gatsby war schamhaft nur in den Umgangsformen seiner Liebe, von der er besessen war. Er war höflich. So höflich und rücksichtslos wie er möchte ich werden, wenn es nicht schon zu spät dafür ist.«
Ich ließ das Wasser herausrinnen, während ich noch sitzenblieb. Das Wasser floß sehr langsam ab, und als ich zurückgelehnt, mit geschlossenen Augen dasaß, kam es mir vor, wie wenn auch ich selber, mit den gemächlichen Rucken des Wassers, nach und nach kleiner wurde und mich schließlich auflöste. Erst als mir kalt wurde, weil ich ohne Wasser in der Wanne lag, spürte ich mich wieder und stand auf. Ich trocknete mich ab und schaute an meinem Körper hinunter. Ich ergriff mein Glied, zuerst mit dem Handtuch, dann mit der bloßen Hand, und fing, während ich so stand, zu onanieren an. Es dauerte sehr lange, und manchmal machte ich die Augen auf und schaute zu dem Milchglasfenster des Badezimmers

hinüber, auf dem sich die Schatten der Birkenblätter auf und ab bewegten. Als der Samen endlich herauskam, knickte ich in den Knien ein. Dann wusch ich mich, duschte die Badewanne sauber und zog mich an.

Ich lag einige Zeit auf dem Bett, ohne mir etwas vorstellen zu können. Einen Augenblick lang war das schmerzhaft, dann fand ich es angenehm. Ich wurde nicht schläfrig, aber gedankenlos. In einiger Entfernung vor dem Fenster hörte ich ab und zu ein kleines Geräusch wie ein Knallen und Krachen zusammen, dem die Rufe und Schreie der Studenten folgten, die auf dem Gelände der Brown University Baseball spielten.
Ich stand auf, wusch noch ein paar Socken mit der Hotelseife aus und ging zu Fuß in die Halle hinunter. Der Liftführer saß auf einem Hocker neben dem Lift und stützte den Kopf in die Hände. Ich trat vor das Haus, es war fast Abend, und die Taxifahrer, die draußen auf dem Platz von Wagen zu Wagen miteinander redeten, sprachen mich an, während ich an ihnen vorbeiging. Als ich schon weiter weg war, bemerkte ich, daß mich die Unlust, ihnen zu antworten, auch nicht mit einer einzigen Geste, im nachhinein erst vergnügt machte.
»Jetzt bin ich den zweiten Tag in Amerika«, sagte ich und ging vom Gehsteig auf die Straße hinunter und auf den Gehsteig zurück: »Ob ich mich schon verändert habe?« Ohne es zu wollen, blickte ich im Gehen über die Schulter und schaute dann geradezu ungeduldig auf die Armbanduhr. So wie manchmal, wenn mich etwas Gelesenes gierig machte, es sofort nachzuerleben, rief mich jetzt auch der große Gatsby auf, mich auf der Stelle zu ändern. Das Bedürfnis, anders zu werden als ich war, wurde plötzlich leibhaftig, wie ein Trieb. Ich überlegte, wie ich die Gefühle, die der große Gatsby bei mir möglich gemacht hatte, zeigen und in meiner Umgebung

auch anwenden könnte. Es waren Gefühle von Herzlichkeit, Aufmerksamkeit, von Heiterkeit und Glück, und ich spürte, daß sie mir meine Anlage zu Schrecken und Panik für immer austreiben mußten. Sie waren anwendbar, nie mehr würde ich austrocknen vor Angstgefühl! Wo aber war die Umgebung, in der ich endlich zeigen würde, daß ich anders sein konnte? Die alte Umgebung hatte ich vorerst zurückgelassen; in dieser fremden hier schon mehr zu sein als jemand, der die öffentlichen Einrichtungen benutzte, auf Straßen ging, in Bussen fuhr, in Hotels wohnte, auf Barhockern saß, dazu war ich noch nicht fähig. Ich wollte auch noch nicht mehr sein, weil ich mich dazu hätte aufspielen müssen. Den Zwang, mich überall erst aufzuspielen, um eines zweiten Blicks gewürdigt zu werden, glaubte ich endlich abgetan. Und trotzdem: so sehr es mich trieb, der Umgebung gegenüber aufmerksam und offen zu sein, so schnell wich ich jetzt doch jedem aus, der mir auf dem Gehsteig entgegenkam, unwillig über ein andres Gesicht, mit dem alten Ekel vor allem, was nicht ich selber war. Obwohl ich einmal, während ich immer weiter die Jefferson Street hinunterging, unabsichtlich an Judith dachte, die ich, indem ich ausatmete und ein paar Schritte lief, wieder verscheuchte, blieb es doch menschenleer in meinem Bewußtsein, und bis in die Kniekehlen wurde mir heiß vor einer Wut, die fast zu einer Mordlust wurde, weil ich sie weder gegen mich selber noch gegen sonst etwas richten konnte.

Ich ging durch einige Seitenstraßen. Die Straßenbeleuchtung war schon eingeschaltet, und der Himmel erschien sehr blau. Das Gras unter den Bäumen strahlte von einem Abglanz der untergegangenen Sonne. In den Büschen in den Vorgärten rieselten die Blüten zu Boden. In einer anderen Straße fiel die Tür eines großen amerikanischen Wagens zu. Ich kehrte zur

Jefferson Street zurück und trank ein Ginger Ale in einer Snackbar, in der es keine alkoholischen Getränke gab. Ich wartete, bis die zwei Eisstücke im Glas geschmolzen waren, und trank dann das Wasser nach; es schmeckte bitter, tat aber gut nach dem süßen Ginger Ale. An der Wand neben jedem Tisch befand sich ein Kästchen, an dem man die Platten der Musicbox drücken konnte, ohne dafür aufzustehen. Ich warf ein Vierteldollarstück ein und wählte »Sitting On The Dock Of The Bay« von Otis Redding. Dabei dachte ich an den großen Gatsby und wurde selbstsicher wie noch nie: bis ich mich gar nicht mehr spürte. Es würde mir gelingen, vieles anders zu machen. Ich würde nicht wiederzuerkennen sein! Ich bestellte ein Hamburger Sandwich und ein Coca Cola. Ich wurde müde und gähnte. Dann, mitten im Gähnen, entstand eine hohle Stelle in mir, die sich sofort mit dem Bild von einem tiefschwarzen Unterholz füllte, und wie in einem Rückfall holte mich der Gedanke wieder ein, daß Judith tot sei. Das Bild von dem Unterholz verdüsterte sich noch, als ich in die zunehmende Dunkelheit vor der Snackbartür schaute, und mein Entsetzen wurde so stark, daß ich mich plötzlich in ein Ding zurückverwandelte. Ich konnte nicht mehr essen, nur in kleinen Schlucken immer weitertrinken. Ich bestellte noch einen Becher Coca Cola und blieb mit klopfendem Herzen sitzen.

Dieses Entsetzen und das Bedürfnis, möglichst schnell anders zu werden und es endlich los zu sein, machten mich ungeduldig. Die Zeit verging mir so langsam, daß ich schon wieder auf die Armbanduhr schaute. Der wohlbekannte hysterische Zeitsinn stellte sich ein. Vor Jahren hatte ich einmal eine dicke Frau im Meer baden sehen und alle zehn Minuten zu ihr hingeschaut, weil ich allen Ernstes glaubte, sie müßte doch inzwischen schlanker geworden sein. Und jetzt in der Snackbar blickte ich immer wieder zu einem Mann mit einer verkrusteten Wunde an der Stirn, weil ich wissen wollte, ob die Wunde nun endlich verheilt war.

Judith hatte keinen Zeitsinn, dachte ich. Sie vergaß zwar keine Verabredung, aber sie kam zu allem zu spät, wie Frauen in Witzen. Sie hatte einfach nicht gespürt, wenn es irgendwie Zeit wurde. Selten wußte sie, welcher Tag gerade war. Immer wenn man ihr die Zeit nannte, erschrak sie; während ich dagegen fast jede Stunde zum Telefon ging, um die Zeitansage zu hören. Sie fuhr jedesmal auf: »Oh, schon so spät!« Nie sagte sie: »Ah, noch so früh!« Sie war unfähig, daran zu denken, daß es irgendeinmal Zeit werden könnte für irgend etwas. Ich sagte zu ihr: »Vielleicht liegt es daran, daß du von Kind an sehr oft umgezogen bist und an so vielen Orten gelebt hast. Du weißt zwar immer, wo du früher warst, aber nie, *wann* du wo warst. Dein Ortssinn ist auch viel besser als meiner, ich verirre mich oft. Oder es liegt daran, daß du viel zu früh einen Beruf mit einer festen Arbeitszeit hattest. Aber eigentlich bin ich sicher, daß du einfach deswegen keinen Sinn für die Zeit hast, weil du auch keinen Sinn für andre Leute hast.« Sie antwortete: »Nein, das stimmt nicht, ich habe nur keinen Sinn für mich selber.« »Außerdem hast du keinen Sinn für Geld«, sagte ich, und sie antwortete: »Nein, ich habe keinen Sinn für Zahlen.« »Und sogar dein Ortssinn macht einen nur schwindlig«, sprach ich weiter: »Wenn du zu einem Haus hinüber gehst, sagst du, daß du *hinunter* gehst; wenn wir schon lang vors Haus getreten sind, steht das Auto immer noch *draußen;* und wenn du in eine Stadt hinunterfährst, fährst du *hinauf* in die Stadt, nur weil die Straße nach Norden führt.«

Dabei behindert andrerseits mich mein übertriebener Zeitsinn, dachte ich jetzt, und das heißt vielleicht: der übertrie-

bene Sinn für mich selber, an der Gelöstheit und Aufmerksamkeit, die ich erreichen möchte.
Ich stand auf, so lächerlich war die Erinnerung. Einfach stumpfsinnig mit dem Zettel zur Kasse zu gehen und ohne ein Wort den Geldschein hinzulegen, das entsprach mir im Augenblick. Auch daß ich dazu kaum meine Haltung zu ändern brauchte, machte mich zufrieden. Ein heftiger, dann lustiger Ekel vor allen Begriffen, Definitionen und Abstraktionen, in denen ich gerade gedacht hatte, ließ mich beim Hinausgehen kurz stehenbleiben. Ich versuchte zu rülpsen; das Coca Cola half mir. Ein Student mit kurzen Haaren, pausbäkkig, in Bermudahosen, mit dicken Schenkeln, in Turnschuhen, kam mir draußen entgegen, und ich blickte ihn entsetzt an, fassungslos bei dem Gedanken, daß jemals jemand es trotzdem wagen könnte, etwas Allgemeines über diese einzelne Figur zu sagen, daß jemand ihn typisieren und zu einem Vertreter von etwas anderem machen würde. Unwillkürlich sagte ich: »Hallo!« und schaute ihn ungeniert an, und er grüßte auch. Sein Anblick war ein Bild, das plötzlich lebendig geworden war, und ich wußte jetzt, warum ich schon seit einiger Zeit nur noch Geschichten von einzelnen Leuten lesen wollte. Und die Frau gerade, an der Kasse der Snackbar! Ihre Haare waren gebleicht, die schwarzen Haarwurzeln schauten heraus, und neben sich hatte sie eine kleine amerikanische Flagge stehen. Und? Nichts weiter. In der Erinnerung fing ihr Gesicht jetzt sogar zu leuchten an und wurde eigensinnig wie das Bild einer Heiligen. Ich schaute mich noch einmal nach dem dicken Studenten um: auf der Rückseite seines Hemds war Al Wilson abgebildet, der Sänger der Canned Heat. Wilson war ein kleiner und dicklicher Junge. Er hatte Pickel, die man auch im Fernsehen deutlich sah, und trug eine Brille. Vor einigen Monaten war er vor seinem Haus im Laurel Canyon

bei Los Angeles in seinem Schlafsack tot aufgefunden worden. Mit zarter hoher Stimme hatte er »On The Road Again« gesungen, und »Going Up The Country«. Anders als bei Jimi Hendrix oder Janis Joplin, die mir, wie auch sonst die Rockmusik, immer gleichgültiger wurden, verletzte mich sein Tod noch immer, und sein kurzes Leben, das ich dann zu verstehen glaubte, schmerzte mich oft in ruckhaften Halbschlafgedanken. Zwei Sätze fielen mir ein, die ich immer von neuem zusammensuchte, während ich zum Hotel zurückging:

»I say goodbye to Colorado –
it's so nice to walk in California.«

Im Hotel gab es im Keller neben dem Friseurladen eine Bar, wo ich dann im Dunkeln an einem Tisch Kartoffelchips aß; dazu trank ich Tequila, und die Barfrau kam ab und zu mit einem frischen Sack Kartoffelchips her und leerte sie über den Teller. Am Nebentisch saßen zwei Männer, denen ich zuhörte, bis ich wußte, daß es Geschäftsleute aus der Nachbarstadt Fall River waren. Die Barfrau setzte sich zu ihnen, und ich schaute die drei aufmerksam, aber ohne Neugier an. Der Tisch war etwas zu klein für sie alle, und sie spielten zwischen den Whiskygläsern, die die Barfrau vielleicht absichtlich nicht wegräumte, eine Art von Würfelspiel, bei dem die geworfenen Würfel wie Pokerkarten aneinandergereiht wurden. Es war sonst schon fast still in dem Barraum, nur ein kleiner Ventilator auf der Theke rauschte leise, und es klickte, wenn die Würfel gegen die Gläser stießen; ab und zu flatterte das Tonband hinter der Theke, das man gerade zurücklaufen ließ. Ich merkte, wie ich allmählich erst anfing, die Umgebung ohne Anstrengung aufzunehmen.

Die Barfrau winkte mir, mich an den andern Tisch zu setzen, doch erst als auch einer der Geschäftsleute einen freien Stuhl heranzog und darauf deutete, ging ich zu ihnen. Zuerst schaute ich nur zu, dann spielte ich einmal mit, wollte aber aufhören, weil mir immer wieder ein Würfel vom Tisch fiel. Ich bestellte noch einmal den mexikanischen Schnaps, und die Barfrau holte die Flasche von der Theke und stellte das Tonband an. Am Tisch streute sie sich Salz über den Handrücken, leckte es ab, ein paar Salzkörner fielen auf den Tisch, und trank aus meinem Glas den Schnaps nach. Auf der Flasche sah man das Bild einer Agave mitten in einer Wüste mit leuchtend gelbem Sand; vom Tonband kam Westernmusik: ein Männerchor sang das Lied von der US-Kavallerie, dann folgte ein Nachspiel ohne Gesang, aus dem die Trompeten immer mehr wegblieben, bis schließlich nur noch leise eine Mundharmonika spielte. Die Barfrau erzählte, daß ihr Sohn bei der Armee sei, und ich sagte zu ihr, ich würde gern noch einmal mitwürfeln.

Beim Würfeln passierte mir dann etwas Seltsames: ich brauchte gerade eine bestimmte Zahl, und als ich den Becher hinkippte, blieben alle Würfel, bis auf einen, sofort liegen; während der eine aber noch zwischen den Gläsern durchrollte, sah ich an ihm die Zahl, die ich brauchte, kurz aufleuchten und dann verschwinden, bis der Würfel mit der falschen Zahl nach oben liegenblieb. Dieses kurze Aufleuchten der richtigen Zahl aber war so stark gewesen, daß ich es empfand, als ob die Zahl auch wirklich gekommen wäre, aber nicht jetzt, sondern zu EINER ANDEREN ZEIT.

Diese andere Zeit bedeutete nicht etwa die Zukunft oder die Vergangenheit, sie war ihrem Wesen nach eine ANDERE Zeit als die, in der ich sonst lebte und in der ich vor und zurück dachte. Es war ein durchdringendes Gefühl von einer ANDEREN Zeit, in der es auch andere Orte geben mußte als irgendwo jetzt, in der alles eine andere Bedeutung haben mußte als in meinem jetzigen Bewußtsein, in der auch die Gefühle etwas anderes waren als jetzt die Gefühle und man selbst im Augenblick gerade erst in dem Zustand, in dem vielleicht die unbelebte Erde damals war, als nach jahrtausendelangem Regen zum ersten Mal ein Wassertropfen fiel, ohne sofort wieder zu verdampfen. Das Gefühl, so schnell es verging, war andrerseits doch so schneidend und schmerzhaft, daß es noch nachwirkte in einem kurzen, achtlosen Blick der Barfrau, den ich sofort erlebte als einen nicht zwinkernden, aber auch nicht starren, nur endlos weiten, endlos erwachenden und zugleich endlos verlöschenden, bis zum Zerreißen der Netzhaut und zu einem leisen Aufschrei sehnsüchtigen Blick einer ANDEREN Frau zu jener ANDEREN Zeit. Mein Leben bis jetzt, das durfte noch nicht alles sein! Ich schaute auf die Uhr, zahlte und ging in das Zimmer hinauf.

Ich schlief traumlos und tief, spürte aber doch am ganzen Körper die Nacht hindurch, daß ich erwartungsvoll glücklich war. Erst gegen Morgen löste sich das Gefühl auf, ich begann zu träumen und erwachte mit Unbehagen. Die Socken hingen von der Zentralheizung, und der Vorhang stand mit einem unregelmäßigen Spalt offen. Er war bedruckt mit Szenen aus der Besiedlung Amerikas: Sir Walter Raleigh schaukelte zigarrerauchend in seiner Kolonie Virginia; die Pilgerväter, dichtgedrängt auf der »Mayflower«, landeten in Massachusetts; George Washington ließ sich von Benjamin Franklin die Verfassung der Vereinigten Staaten vorlesen; die Kapitäne Lewis und Clark erschossen Schwarzfußindianer auf ihrem Weg vom Missouri in den Westen bis zur Mündung des Columbia River im Pazifischen Ozean (einer der Indianer, in der Zeichnung weit entfernt auf einem Hügel, hob noch halb den Arm gegen den Gewehrlauf); und neben dem Schlachtfeld

von Appomatox streckte, mit zurückgelehntem Körper, Abraham Lincoln einem Neger die Hand hin.
Ich zog den Vorhang weg, schaute aber nicht hinaus. Die Sonne schien auf den Fußboden herein und wärmte mir die nackten Füße. Ich las in der Quäkerbibel, die auf dem Nachttisch lag. Ohne daß ich die Stelle mit Judith und Holofernes suchte, fiel mir doch sofort die Geschichte ein, in der sie ihm im Schlaf den Kopf abhackte. »Mir ist sie immer nur auf die Füße getreten«, sagte ich, »oder sie ist darüber gestolpert. Überhaupt ist sie immerfort über etwas gestolpert. Sie ging leichtfüßig, anmutig, und stolperte doch in einem fort. Sie hüpfte, tänzelte dahin, und dann stolperte sie schon. Dann hüpfte sie weiter und stieß gegen jemanden, der ihr entgegenkam, und ein wenig später rutschte sie aus und stach sich mit dem Strickzeug, das sie immer bei sich führte, wenn sie auch kaum etwas fertigstrickte und jedesmal alles wieder auftrennen mußte.« »Dabei ist sie ein praktischer Mensch«, redete ich weiter, im Bad, während ich mich rasierte, im Zimmer, während ich mich anzog und packte: »Sie konnte Nägel einschlagen, ohne einen zu verbiegen, Teppiche auslegen, Wände tapezieren, Kleider zuschneidern, Bänke zusammenzimmern, Beulen am Auto herausklopfen, nur rutschte sie fortwährend dabei aus, stolperte, zertrat andre Sachen dabei, bis ich nicht mehr zuschauen konnte. Und ihre Gesten! Einmal kam sie ins Zimmer und wollte den Plattenspieler ausgeschaltet haben: dazu blieb sie starr in der Tür stehen und ruckte nur den Kopf ein bißchen in die Richtung des Plattenspielers. Ein andres Mal läutete es an der Tür: sie war schneller dort als ich und sah, daß davor ein Brief auf der Matte lag. Sie lehnte die Tür wieder an, und als ich dazukam, machte sie die Tür wieder auf, um mich den Brief aufheben zu lassen. Sie dachte sich nichts dabei, aber mir ist die Hand ausgerutscht. Ich habe sie

ins Gesicht geschlagen. Zum Glück war ich ungeschickt und habe sie schlecht getroffen, und so haben wir uns bald wieder versöhnt.«
Ich zahlte unten mit einem Reisescheck und fuhr mit einem Taxi, das hier in Providence noch nicht gelb, sondern schwarz war wie in England, zum Bahnhof für die Greyhound-Busse.

Während der Fahrt durch Neu-England hatte ich Zeit zu ... was? dachte ich. Ich verlor bald die Lust hinauszuschauen, weil die Farbe der Greyhoundbusscheiben die ganze Gegend verdüsterte. Ab und zu unterbrach eine Mautstation die Fahrt, und der Fahrer warf ein paar Münzen aus dem Busfenster in einen Trichter hinunter. Als ich das Fenster aufschieben wollte, um mehr zu sehen, sagte mir jemand, das würde die automatische Luftkühlung im Bus durcheinanderbringen, und ich schob das Fenster wieder zu. Je mehr wir uns New York näherten, desto mehr wurden die Reklameschriften durch Bilder ersetzt: riesige überschäumende Bierkrüge, eine leuchtturmgroße Ketchupflasche, ein naturgroßes Bild von einem Düsenflugzeug über den Wolken. Neben mir wurden Erdnüsse gegessen, Bierdosen wurden geöffnet, und obwohl man nicht rauchen durfte, gingen Zigaretten heimlich von Mund zu Mund. Ich schaute kaum auf, so daß ich keine Gesichter sah, nur Tätigkeiten. Auf dem Boden lagen Walnuß- und Erdnußschalen, manche in Kaugummipapier eingewickelt. Ich fing an, den Grünen Heinrich von Gottfried Keller zu lesen.
Heinrich Lees Vater war gestorben, als das Kind fünf Jahre alt war. Dieses erinnerte sich an den Vater nur noch, wie er vor ihm eine Kartoffelstaude aus der Erde zog und ihm die Knollen zeigte. Weil es immer grün gekleidet war, wurde es bald

Grüner Heinrich genannt. Der Bus fuhr über den Bruckner Expressway durch den Stadtteil Bronx, bog dann nach rechts ein und überquerte den Harlem River zum Stadtteil Manhattan. Er fuhr langsam, aber so schnell wie möglich die Park Avenue entlang durch Harlem, und die Leute im Bus begannen zu fotografieren und zu filmen. Es war Samstag, und die schwarzen Bewohner von Harlem zeigten sich neben Autowracks und Ruinen, von denen nur das Erdgeschoß noch bewohnt wurde. Sie lasen Zeitungen, einige spielten auf der Straße Baseball, die Mädchen Federball, die üblichen Aufschriften wie HAMBURGERS und PIZZA kamen einem hier fremdartig und unangebracht vor. Der Bus fuhr weiter, am Central Park vorbei, und bog schließlich in einen finsteren Busbahnhof in der Nähe der Fünfzigsten Straße. Dort stieg ich in ein Taxi, das jetzt gelb war, und ließ mich zum Hotel Algonquin bringen.

Das Hotel ALGONQUIN war ein nicht sehr hohes, enges Gebäude mit kleinen Zimmern; auch wenn man die Zimmertür absperrte, blieb noch ein Spalt offen, als ob schon oft daran gerüttelt worden sei. An einigen Schlössern sah ich im Vorbeigehen Kratzspuren. Diesmal gelang es mir, dem Japaner, der mir den Koffer heraufgetragen hatte, sofort den Eindollarschein zuzustecken.

Das Zimmer ging in den Hinterhof, in dem wohl auch die Küche lag; denn ich sah Dampf aus den Ventilatoren steigen und hörte das Geklirr von Besteck und Tellern. Es war sehr kühl im Raum, die Klimaanlage brauste laut, und weil ich den ganzen Tag nur befördert worden war, ohne mich selber zu bewegen, begann ich zu frösteln, während ich, um wieder ruhig zu werden, still auf dem Bett saß. Ich versuchte die Klimaanlage abzustellen, fand aber keinen Schalter dafür. Ich rief unten an, und von dort aus schaltete man die Klimaanlage ab. Das Brausen hörte auf. In der Stille schien das Zimmer größer zu werden, und ich legte mich aufs Bett. Ich aß die Weintrauben, die mit anderen Früchten auf dem Nachttisch in einer Schüssel lagen.

Zuerst dachte ich, daß es die Trauben seien, die mich so aufblähten. Der Rumpf schwoll an, während der Kopf und die Gliedmaßen zu tierischen Anhängseln zusammenschrumpften, einem Vogelschädel und Fischflossen. In der Mitte drückte mich eine Hitze auseinander, an den Enden fror ich. Man müßte diese Körperfortsätze einstülpen können! Eine Ader an der Hand zuckte, als schlüge sie um sich; die Nase begann auf einmal zu brennen, als hätte sie mit aller Gewalt in etwas hineingehackt, und da erst merkte ich, es war wieder die Todesangst, nicht die Angst vor dem eigenen Tod, sondern eine fast wahnsinnige Angst vor dem plötzlichen Tod andrer, die nun, da ich nach der langen Fahrt abgesetzt worden war, körperlich wurde. Die Nase kühlte plötzlich ab, die zuckende Ader an der Hand streckte sich plötzlich, und ich sah vor mir das Bild eines atemlos stillen, finsteren Tiefseetales ohne ein Lebewesen.

Ich rief das Hotel in Providence an und fragte nach einer Nachricht für mich; es gab keine. Ich nannte die Adresse meines Hotels in New York und auch, während ich dabei in einem Reiseführer blätterte, auf gut Glück als weitere Nachsendeadresse ein Hotel in Philadelphia, das BARCLAY Hotel am Rittenhouse Square. Dann ließ ich mir für den nächsten Tag im Barclay Hotel ein Zimmer bestellen. Ich rief noch einmal unten an und bat den Portier, mir eine Eisenbahnfahrkarte nach Philadelphia zu besorgen. Dann rief ich das Hotel Delmonico an und fragte, ob meine Frau inzwischen den Fotoapparat abgeholt hätte; man bedauerte. Ich sagte, daß ich in einer Stunde selber hinkommen würde. Ich wartete ein paar Minuten, wählte dann die Null und verlangte ein Überseegespräch nach Europa. Der Hotel-Operator verband mich mit dem Übersee-Operator, dem ich die Telefonnummer des Nachbarn meiner Mutter in Österreich gab. Wollte ich ein persönliches Gespräch mit jemandem, oder sei es egal, wer sich melden würde? Das zweite koste weniger. »Es ist mir egal, wer sich meldet«, sagte ich. Es war erleichternd, die Rolle eines unbekannten Gesprächspartners zu spielen: man konnte bei einer Sache sein und darin aufgehen. Ich wurde nun um meine Nummer hier gebeten, und nachdem ich sie vom Telefon abgelesen hatte, bat man mich aufzulegen.

Ich saß still da und betrachtete die leeren Kleiderbügel im Schrank, den ich gleich aufgemacht hatte. Aus der Küche hörte ich jetzt laute Stimmen, es mußte schon früher Nachmittag sein. In den andern Zimmern läutete ab und zu das Telefon. Dann läutete es laut bei mir; der Übersee-Operator sagte, ich sollte dabeibleiben. Im Telefon knackte es; ich rief hinein, bekam aber keine Antwort. Lange hörte ich nur ein Rauschen und ein leises Sirren. Dann, wieder nach einem Knacken, hörte ich die gleichen Geräusche noch einmal, aber anders als früher. Sofort läutete es auch irgendwo an, mit einem langanhaltenden Signal, das sich einige Male wiederholte. Ich blieb dabei! Die Telefonzentrale in Wien meldete sich, und ich hörte zu, wie der Übersee-Operator dem Mädchen in Wien meine Nummer gab. Ich hörte, wie in Wien die Nummer gewählt wurde; es läutete wieder an, und ich hörte von einer anderen Leitung eine Frau lachen und im österreichischen Dialekt »Ich weiß!« und eine zweite Frau: »Nichts weißt du!« sagen. Das Läuten wurde unterbrochen, und wie mit verstellter Stimme schrie das Nachbarskind seinen Namen ins Telefon. Ich versuchte ihm zu sagen, wer ich sei und wo ich sei, aber es war so verwirrt, wie aus dem Schlaf geholt, daß es immer nur wiederholte: »Sie kommt mit dem letzten Omnibus! Sie kommt mit dem letzten Omnibus!«, bis ich schnell, aber unwillkürlich leise, den Hörer auflegte. Jetzt sah ich wieder ein Bild: an einem Wegrand stand ein Hochsitz, neben dem Hochsitz ein Wegkreuz, und vor dem Wegkreuz richtete sich gerade langsam ein Sumpfgras auf.

»Ich werde mich nie ans Telefonieren gewöhnen«, sagte ich. »Auf der Universität habe ich zum ersten Mal von einer Telefonzelle aus angerufen. Ich habe mit vielem erst in einem Alter angefangen, in dem einem nicht mehr alles so selbstverständlich ist. Deswegen kann ich mich auch an so wenig gewöhnen. Hatte es sich einmal ergeben, daß ich mit jemandem gedankenlos vertraut sein konnte, so mußte ich schon am nächsten Tag neu damit anfangen. Mit einer Frau zusammenzusein, kommt mir noch jetzt manchmal wie ein künstlicher Zustand vor, lächerlich wie ein verfilmter Roman. Es kommt mir übertrieben vor, wenn ich für sie im Restaurant was zu essen bestelle. Wenn ich so *neben* ihr gehe, *neben* ihr sitze, fühle ich mich oft, als ob ein Pantomime das macht, als ob ich nur angebe.«

Das Telefon läutete wieder; der Hörer war noch naß, weil ich ihn früher beim Warten so lange gehalten hatte. Die Telefonistin unten gab mir die Kosten des Gesprächs durch und fragte, ob sie die sieben Dollar auf die Zimmerrechnung setzen könnte. Ich war froh: sieben Dollar weniger. Ich fragte zurück, wo es in der Nähe Zeitungen aus dem ganzen Land gäbe. Dabei fiel mir erst ein, daß es in Europa schon Abend war. Die Telefonistin nannte mir eine Adresse am Times Square, wo ich dann auch hinging.

Ich ging die Vierundvierzigste Straße hinunter. »Hinauf!« Ich kehrte um und ging in die andere Richtung. Ich mußte zum Broadway kommen, aber erst als ich die Avenue of the Americas und die Fifth Avenue schon überschritten hatte, merkte ich, daß ich in Wirklichkeit nicht umgekehrt war. Ich mußte es mir nur vorgestellt haben, umzukehren und in die andre Richtung zu gehen. Weil es mir aber vorkam, doch umgekehrt zu sein, blieb ich stehen und überlegte hin und her. Ich wurde schwindlig. Dann ging ich die Madison Avenue entlang, bis ich zur Zweiundvierzigsten Straße kam. Hier bog ich wieder ein, ging langsam weiter und erreichte auch wirklich den Broadway, an dem der Times Square lag.
Ich kaufte die »Saturday Evening Post« aus Philadelphia und las sie gleich in dem Zeitungsraum durch. Nichts über eine Judith. Da ich auch nicht erwartet hatte, etwas zu finden, legte ich sie gleich woanders dazu, kaufte noch ein paar deutsche Zeitungen und las sie an der Bar eines Drugstore, während ich dazu ein amerikanisches Bier trank. Dabei merkte ich, daß ich sie alle schon im Flugzeug nach Boston gelesen hatte. Ich hatte sie zwar nur durchgeschaut, aber ich mußte sie dabei doch ganz gelesen haben, weil ich mich jetzt an jede Einzelheit wieder erinnerte.
Ich ging zurück über die Avenuen und bog in die Park Avenue ein. Ich fühlte mich wie früher, als ich eine Zeitlang, wenn ich jemandem beschrieb, was ich gerade getan hatte, zwanghaft keine Einzeltätigkeit, aus der sich die Gesamttätigkeit zusammensetzte, auslassen konnte. Ging ich in ein Haus, so sagte ich statt »Ich ging ins Haus«: »Ich putzte mir die Schuhe ab, drückte die Klinke nieder, stieß die Tür auf und ging hinein, worauf ich die Tür wieder hinter mir zumachte«; und wenn ich einem andern einen Brief schickte, legte ich immer (statt: »Ich schickte den Brief«) »ein sauberes Blatt Papier auf eine

Unterlage, entfernte die Hülse vom Füllfederhalter, beschrieb das Blatt, faltete es zusammen, steckte es in einen Umschlag, beschriftete den Umschlag, klebte eine Marke darauf und warf den Brief ein«. Wie hier, in einer Umgebung, die ich kaum kannte, trieb mich auch damals der Mangel an Kenntnissen und Erlebnissen dazu, mich darüber hinwegzutäuschen, indem ich die wenigen Tätigkeiten, die mir möglich waren, im Beschreiben so zerlegte, als ob sie von großen Erfahrungen erzählten. So hatte ich auch jetzt die Avenue of the Americas, die Fifth Avenue und die Madison Avenue überquert und ging die Park Avenue entlang bis zur Neunundfünfzigsten Straße, trat unter einen Baldachin, stellte mich in eine Drehtür, stieß die Tür an und ging in das Hotel Delmonico.

Der Portier hielt den Fotoapparat schon bereit. Er reichte ihn mir herüber, ohne auf meinen Paß zu blicken. Es war die große Polaroidkamera, die ich mir einmal auf einem Flughafen gekauft hatte, wo sie viel teurer war als sonst. An der Zahl auf dem weißen Papierstreifen an der Seite erkannte ich, daß Judith schon ein paar Fotos gemacht hatte. Sie hatte also etwas gesehen und wollte auch Bilder davon haben! Das erschien mir auf einmal als ein so gutes Zeichen, daß ich schon im Hinausgehen ganz sorglos wurde.

Es war ein heller Tag, der mir durch den Wind noch heller vorkam; die Wolken zogen am Himmel. Ich stand eine Zeitlang nur auf der Straße und schaute umher. In einer Telefonzelle am Eingang zu einer Untergrundstation lehnten zwei Mädchen, eine redete ins Telefon, die andre beugte sich nur ab und zu hin und strich dabei die Haare hinters Ohr. Zuerst stockte ich nur, als ich die beiden sah, dann belebte mich ihr Anblick und gab mir einen Ruck, so daß ich schließlich mit einer richtigen Lust beobachtete, wie sie in der engen Zelle, wobei immer wieder die eine oder die andre mit dem Fuß die Tür aufschob, lachten, die Muschel zuhielten, einander was zuflüsterten, nebenher eine Münze nachwarfen, und sich wieder zum Telefon neigten, während neben ihnen der Dampf von der Untergrundbahn aus den Straßendeckeln qualmte und dicht über dem Asphalt in die Nebenstraßen trieb. Es war ein Anblick, der mich befreite und unbeschwert machte. Erleichtert schaute ich, in einem paradiesischen Zustand, in dem man nur sehen wollte und in dem einem das Sehen schon ein Erkennen war. So ging ich die Park Avenue zurück, bis sie Fourth Avenue hieß, und immer weiter zur Achtzehnten Straße.

Im Elgin Kino schaute ich dann einen Tarzanfilm mit Johnny Weismüller an. Gleich am Anfang des Films hatte ich ein Gefühl, wie wenn man etwas Verbotenes anschaut, das man sich aber schon im voraus vorgestellt hat; die Bilder riefen einen vergessenen Traum zurück. Ein kleines Passagierflugzeug flog niedrig über dem Dschungel. Dann sah man das Flugzeug von innen; ein Mann und eine Frau mit einem Säugling saßen darin. Das Flugzeug dröhnte und ruckte eigenartig hin und her, wie ein wirkliches Flugzeug nie rucken würde, und bei diesem Rucken fiel mir die Bank ein, auf der ich als Kind den Film schon gesehen hatte. »Sie sind unterwegs nach Nairobi«, sagte ich laut. Aber die Stadt wurde nicht erwähnt. »Und jetzt werden sie abstürzen!« Die Eltern hielten einander umschlungen; dann sah man das Flugzeug von außen, wie es heruntertrudelte und in den Urwaldbäumen unterging. Mit einem Krach schlug es auf, und, nein, kein Rauch, sondern Luftblasen sprudelten dann aus einer dämmrigen Landschaft, die ich erst später, als die Stelle im Film kam, als den Teich wiedererkannte, unter dessen Oberfläche Tarzan, ein Messer zwischen den Zähnen, und das inzwischen zu einem Knaben herangezogene Findlingskind, die beide in langen Abständen Atemblasen ausstießen, mit langsamen Schwimmstößen wie traumverloren umherschwammen, während der sich beim Zuschauen festigende Erinnerungsvorgang auf seinem Weg zum festen Erinnerungsbild schon gleich nach dem Aufschlag des Flugzeugs in einer geheimnisvollen Vorwegnahme sich mit dem gleichen Rhythmus bewegt hatte, mit dem später aus der Tiefe des Wassers die Atemluftblasen der beiden Schwimmer aufstiegen.

Obwohl mich der Film sonst langweilte, ging ich nicht weg. Es macht mir auch keinen Spaß mehr, Comics anzuschauen, dachte ich: und nicht erst, seit ich hier bin. Eine Zeitlang las ich sehr viel Comics, aber ich hätte sie nicht in Büchern lesen dürfen, wo sie gesammelt waren. Immer wieder fing so ein Abenteuer an, hörte auf, und dann fing wieder ein nächstes an. Als ich zum Beispiel einmal ein paar Sammelbände mit Peanuts-Geschichten angeschaut hatte, wurde mir in der Nacht darauf schlecht, weil jeder Traum immer nach vier Bildern aufhörte und ein neuer Traum losging, der wieder aus vier Bildern bestand. Ich hatte ein Gefühl, als ob mir in jedem vierten Bild die Füße weggerissen würden und ich mit dem Bauch auf die Erde schlug. Und dann fing noch so eine Geschichte an! Auch die komischen Stummfilme möchte ich nicht mehr sehen, dachte ich. Mit ihrem Lob der Ungeschicklichkeit konnten sie mir jetzt nicht mehr schmeicheln. Die Helden, die keine Straße hinuntergehen konnten, ohne daß ihnen der Hut vom Kopf vor eine Straßenwalze geweht wurde, und sich zu keiner Frau beugten, ohne ihr dabei Kaffee über den Rock zu gießen, erschienen mir immer mehr als Vorbilder für ein nur kindlich beharrendes, unmenschliches Leben: atemlose, in sich selber zappelnde, entstellte und ihre

Umgebung entstellende Gestalten, die zu allem, Dingen und Leuten, nur *aufschauen* wollten. Die höhnische Schadenfreude Chaplins; andrerseits die Art, wie er sich an sich selber schmiegte und sich bemutterte; die Gewohnheit Harry Langdons, sich immerfort einzurollen und anzuklammern. Nur Buster Keaton suchte eifrig nach einem Ausweg, mit seinem aufmerksamen, verbissenen Gesicht, obwohl er nie wissen würde, wie ihm geschah. Sein Gesicht schaute ich noch gern an, und es war auch schön, als in einem Film einmal Marilyn Monroe mit gerunzelter Stirn hilflos grinste und dabei wie Stan Laurel dreinblickte.

Draußen vor dem Kino dämmerte es schon. Ich überlegte, wo ich hingehen könnte, und ging dabei etwas langsamer. Vor mir ging ein großes Mädchen, wie von ihrer pendelnden Tasche gezogen, ebenfalls langsam auf dem Gehsteig hin und her. Sie hatte schwarze Haare und trug Blue Jeans, die aber, weil sie sich so ohne Umstände bewegte, gar nicht wie Blue Jeans aussahen; weder knickte bei jedem Schritt eine Falte in den Hinterteil der Hose, noch war der Stoff wie bei andern in den Kniekehlen zerknittert. Sie schaute sich um, sie hatte ein sehr weißes Gesicht mit Sommersprossen, und ging langsam wie früher weiter. Ich wurde auf einmal sehr erregt, weil ich wußte, daß ich sie ansprechen würde. So gingen wir, einmal fast nebeneinander, dann sie vor mir, dann überholte ich sie, bis zum Broadway hinunter. Schließlich wurde ich so erregt, daß ich sie auf der Straße niederwerfen wollte. Als ich sie dann aber ansprach, fragte ich sie nur, ob sie mit mir etwas trinken gehe.
Sie sagte: »Warum nicht?«, aber es war schon vorbei. Beide noch rot im Gesicht von der Erregung, mit der wir uns gerade aufeinander zu bewegt hatten, gingen wir nun nebeneinander

her. Wenn wir sofort schneller gegangen wären, als hätten wir ein Ziel, hätte vielleicht die schnelle Bewegung uns noch mehr erregt und gleich in einen Hauseingang getrieben; so aber gingen wir nur weiter, kaum weniger langsam als früher, und mußten noch einmal von vorn anfangen. Trotzdem versuchte ich sie anzufassen. Sie nahm es wie ein Versehen.

Wir kamen in eine Cafeteria, in der man sich selbst bedienen mußte. Ich wollte wieder weggehen, aber sie hatte sich schon angestellt. Ich nahm auch ein Tablett und legte ein Sandwich darauf. Wir setzten uns an einen Tisch, ich aß das Sandwich, sie trank einen Milchkaffee. Sie fragte mich nach meinem Namen, und ohne daß ich wußte, warum ich log, antwortete ich, daß ich Wilhelm hieß. Darauf fühlte ich mich sofort wohler und bot ihr einen Bissen von meinem Sandwich an. Sie brach mit der Hand etwas ab. Nach einiger Zeit stand sie auf, sagte, sie hätte Kopfweh, winkte mir zu und ging hinaus.

Ich holte mir ein Bier und setzte mich wieder. Durch die schmale Tür, die noch mit einem Vorhang verhängt war, schaute ich auf die Straße. Der sichtbare Ausschnitt war so klein, daß die Vorgänge in ihm um so deutlicher wurden; die Leute schienen sich in ihm langsamer zu bewegen und dabei sich selber vorzuführen; es war, als ob sie nicht an der Tür vorbeigingen, sondern davor auf und ab promenierten. Die Brüste der Frauen hatte ich noch nie so schön und so herausfordernd gesehen wie jetzt. Ihr Anblick war fast schmerzhaft, und doch war ich froh, daß ich nichts wollte als ihnen zuschauen, wie sie vor den breiten Reklameflächen so selbstvergnügt hin und her schlenderten. Eine Frau blieb in der Tür fast stehen und suchte nach etwas. Ich erschrak richtig vor Gier, zu ihr hinzugehen, dachte aber sofort: »Was könnte ich denn wirklich mit ihr anfangen? Es wäre nur unverantwortlich!« und entspannte mich wieder. So sehr war es mir unmöglich geworden, mir eine Zärtlichkeit an einer Frau vorzustellen, daß ich bei dem Gedanken, ich sollte auch nur meine Hand ausstrecken, sofort unlustig und über und über müde wurde.

Am Nebentisch war eine Zeitung liegengeblieben; ich nahm sie mir und fing an zu lesen. Ich las, was passiert war und was noch passieren sollte, eine Seite nach der andern, und mit immer größerer Behaglichkeit. In der Schnellbahn nach Long Island war ein Kind geboren worden; ein Tankwart war auf den Händen unterwegs von Montgomery/Alabama nach Savannah/Georgia an die Atlantikküste. In der Wüste von Nevada blühten schon die Kakteen. Eine zwanghafte Sympathie stellte sich bei mir ein mit allem, nur dadurch, daß ich es beschrieben fand; zu jeder Gegend fühlte ich mich hingezogen, jeder, der vorkam, war mir recht, und auch bei dem Bericht von einem Richter, der einen erregten Angeklagten einfach an den Stuhl ketten ließ, befiel mich, wenn kein Verständnis, so doch eine unheimliche Behaglichkeit. Es gab niemanden, mit dem ich mich nicht sogleich verwandt fühlte. Ich las die Kolumne einer Frau, die von Militärdienstverweigerern schrieb, sie würde sich verstecken, wenn sie solche Kinder geboren hätte, und ich konnte nicht ohne ein schnelles Zusammengehörigkeitsgefühl ihr Foto anschauen; und als ein Hauptmann aussagte, er habe vom Hubschrauber im Reisfeld zwar etwas gesehen, das wie eine Gruppe von Frauen und Kindern aussah, aber auch »ein Mann und zwei Wasserbüffel« sein konnte, tat es mir, nur vom Lesen der Wörter, unvermittelt leid, nicht an der Stelle des Hauptmanns gewesen zu sein. Jeder Mensch, und vor allem jeder Ort, den ich noch nicht kannte, wurden mir beim Lesen so sympathisch, daß ich eine Art Fernweh danach bekam. Ich las von einem Telegrafenbüro in Montana und von einer Straße in einem Militärcamp in

Virginia, und sofort wollte ich dort sein und eine Zeitlang dort leben; wenn nicht, würde ich etwas versäumen, was ich nie mehr nachholen könnte.
Diese Gefühle waren mir nicht neu; schon als Kind war mir oft mitten in einem Streit oder in einer Rauferei plötzlich alles recht gewesen: ich hörte zu reden auf oder ließ mich einfach zu Boden werfen, und wenn ich gerade noch schreiend vor jemandem davonlief, blieb ich manchmal stehen, setzte mich sogar nieder und schaute den andern unbefangen an, der dann auch meistens an mir vorbeiging, als hätte er eigentlich jemand andern gejagt. Wenn ich jemanden beschimpfte, hielt ich selten durch; das Reden stimmte mich bald freundlich, und ich hörte auf und versöhnte mich. Auch wenn Judith und ich uns anschrien, ging lange Zeit zumindest von mir aus der Streit in ein Zitieren eines Streits über, nicht weil er mir lächerlich vorkam, sondern weil mit dem Reden plötzlich bei mir etwas in Unernst umsprang. Später spürte ich zwar immer noch mitten in der Feindseligkeit, daß ich in der nächsten Sekunde genausogut lachen konnte, und ich mußte vielleicht auch schnell lachen, aber wir störten einander schon so, daß jede Unterbrechung, auch ein versöhnliches Lachen, nur noch verletzend für den andern gewesen wäre. Daß ich mich seit langem wieder, hier in New York, und beim Lesen einer Zeitung, auf diese unheimliche Weise zu allem hingezogen fand, erschreckte mich; ich wollte mich aber jetzt nicht damit beschäftigen. Das Gefühl war auch nur kurz; als ich darüber nachdachte, war es schon weg, wie nie gewesen; und als ich draußen auf der Straße stand, war ich wieder allein.
Ich ging ziellos, aber neugierig umher. Am Times Square schaute ich Hefte mit Nacktfotos an; von der Leuchtschrift über dem Broadway las ich die letzten Nachrichten; nach der Uhr an dem Zeitungsgebäude stellte ich die Armbanduhr

richtig. Die Straßen flimmerten so hell, daß man in den finsteren Nebenstraßen noch einige Schritte geblendet ging. Ich hatte in der Zeitung gelesen, daß am Central Park ein ausgebranntes Restaurant neu eröffnet worden war, wobei man einige Brandspuren in der neuen Dekoration verwendet hatte. Als ich den Gehsteig entlangging und ein Taxi dorthin suchte, bot mir jemand eine Theaterkarte für ein Musical an. Ich wollte weitergehen; dann fiel mir ein, daß Lauren Bacall darin mitspielte, die sich vor Jahrzehnten als eine starke junge Frau in dem Film »Haben und Nicht-Haben« von Howard Hawks in einer Hafenspelunke über die Schulter des Klavierspielers gebeugt und dann, ans Klavier gelehnt, tief und heiser ein Lied gesungen hatte. Ich gab dem Mann zwanzig Dollar und lief mit der Karte in der Hand zum Theater.

Ich saß ganz vorn, wo das Orchester besonders laut aus dem Graben schallte; wie die andern hatte ich den Mantel auf den Knien. Lauren Bacall war die älteste auf der Bühne, sogar die Männer schauten jünger aus. Sie hockte oder schlich nun nicht mehr herum wie damals in der Kneipe, sondern bewegte sich viel. Einmal tanzte sie auch mit jungen, ein wenig langhaarigen Männern, die Ketten um den Hals trugen, auf Tischen. Auch wenn sie müde umsank, mußte sie noch im Umsinken wieder aufspringen und sich anders gebärden. Jede ihrer Bewegungen widerrief sich sofort, damit die Figur unterhaltsam blieb. Noch beim Telefonieren mußte sie die Schuhe anstreifen, um dann ohne Pause weglaufen zu können, und nach jedem Satz, den sie sprach, veränderte sie ihre Haltung, stellte zumindest die Beine um. Sie hatte ziemlich große Augen, und die Augäpfel ruckten mit jeder ihrer Bewegungen mit. In jeder neuen Szene trat sie in neuer Garderobe auf, obwohl sie kaum Zeit haben konnte, sich umzuziehen.

Nur wenn sie das Whiskyglas einfach mit ihren langen Armen von sich gestreckt hielt, begann man sich für sie wohlzufühlen. Sonst spürte man nur, daß es ihr, seit sie in Filmen gespielt hatte, keinen Spaß mehr machte, hier von Gebärden, die ihr fremd waren, leben zu müssen. So sah man ihr auch zu wie jemandem, der gerade arbeitete, und zwar unter seiner Würde, und den man durchs Zuschauen nur kränken mußte. Judith fiel mir ein: ihre alltäglichen Bewegungen setzten sich aus den vielen kleinen Posen zusammen, die hier Lauren Bacalls Körper wie eine Maschine ausführte. In einem Modegeschäft nahm sie, ohne es zu wollen, sofort die Gebärden einer herrschaftlichen Kundin ein, dachte ich: sie blieb gleich am Eingang stehen und schaute sich um, ohne jemanden anzublicken; und erst wenn die Verkäuferin herangekommen war, wandte sie sich ihr zu, als sei sie überrascht, überhaupt jemanden anzutreffen. Auf der Bühne dann war sie verwandelt: die Einfachheit, mit der sie sich da bewegte, war nicht die blöde Lässigkeit, mit der Naturmenschen auch als Schauspieler herumflanieren, sondern Erleichterung über den Ernst, der ihr erst auf der Bühne möglich wurde. Wie sehr sie sich sonst auch aufführte und aufspielte, auf der Bühne beruhigte sie sich und wurde andern gegenüber selbstlos aufmerksam; man vergaß sie fast nachher, so selbstverständlich hatte sie ihre Rolle gespielt.
Vor dem Theater fuhr ein Polizeiauto durch diese Gedanken, mit einer jaulenden Sirene, die das Orchester fast unhörbar machte. Aber als ich dann von einer Balkonbrüstung sehr langsam ein Blatt aus einem Programmheft herunterschaukeln sah, machte mich das Papier, wie es sich auf und ab bewegte, auf einmal ganz sicher, daß Judith gerade im Moment irgendwo unbekümmert essend und mit erhobenem kleinen Finger schon wieder etwas bestellend in einem Lokal saß und

auch so sehr bei der Sache war, daß sie an gar nichts anderes denken konnte. Wie der Dirigent ab und zu im Orchestergraben emporhüpfte! Und wie tadellos gebügelt die Hosen der Schauspieler waren! Und wie jetzt die Rivalin auf der Bühne den Martini rundherum von der Olive leckte und die Olive dann in den Mund schob! Es konnte ihr einfach nichts passiert sein. Es war unvorstellbar, daß sie es sich jetzt nicht irgendwo gutgehen ließ. Von meinem Geld! Ich wurde hungrig und fuhr schon in der Pause zu dem Restaurant am Central Park.

Die Bäume im Park rauschten leise, als ob es bald regnen würde. In dem Lokal hatten sogar die Speisekarten künstliche Brandecken, und an der Garderobe lag ein Gästebuch, in dem die Schriftzeichen hell wie bei verkohlten Zeitungen waren. Draußen jaulte wieder ein Polizeiwagen. Einer der Kellner zog den Vorhang vor das Fenster, an dem er stand, ein andrer stellte sich mit gekreuzten Armen in die Tür und schaute hinaus. Die Sirene war sehr schrill, und in dem Wasserglas, das man mir gleich auf den Tisch gestellt hatte, schaukelten einmal kurz die Eiswürfel auf. Nur wenige Leute saßen noch an den Tischen, mit den Gesichtern im Halbschatten. Der Raum war fast leer und so groß, daß ich, während der Sirenenton von ganz weit her abklang, immer müder wurde. Im Kopf, als ich jetzt reglos saß, fing etwas an, sich hin und her zu bewegen, in einem ähnlichen Rhythmus, in dem ich den ganzen Tag mich durch New York bewegt hatte. Einmal stockte es, dann lief es lange Zeit geradeaus, dann fing es sich zu krümmen an, kreiste eine Zeitlang und legte sich schließlich. Es war weder eine Vorstellung noch ein Ton, nur ein Rhythmus, der ab und zu beides vortäuschte. Erst jetzt fing ich an, die Stadt, die ich vorher fast übersehen hatte, in mir wahrzunehmen.

Eine Umgebung holte mich ein, an der ich tagsüber nur vorbeigegangen war. Reihen von Häusern und Straßen bildeten sich im nachhinein aus den Schwingungen, dem Stocken, den Verknotungen und den Rucken, die sie in mir zurückgelassen hatten. Ein Brausen und ein Röhren wie von dem Strombett unter einem stillen überschwemmten Gebiet kam dazu, als aus den Schwingungen auch Geräusche wurden. Die dicken Vorhänge vor den Fenstern konnten die Geräusche und Bilder nicht abhalten, weil sich diese im Kopf abspielten und auch immer wieder, sooft sie in bloße Schwingungen und Rhythmen zurücksanken, vom Kopf so beschleunigt wurden, daß sie von neuem zu vibrieren begannen und als noch längere Straßen, noch höhere Gebäude, ruckhaft sich noch immer weiter entfernende Horizontfluchtpunkte aufblitzten. Und trotzdem war mir dieser Vorgang angenehm: das Muster von New York breitete sich friedlich in mir aus, ohne mich zu bedrängen. Ich saß entspannt und doch neugierig da, aß ein Lammsteak, zu dem ich mich eingeladen hatte, trank dazu Rotwein aus Kalifornien, der mich mit jedem Schluck noch durstiger machte, und erlebte die zusammengedrängte, immer noch nachdröhnende Stadt als ein sanftes Naturschauspiel. Alles, was ich vorher nur ganz nah sehen konnte, Glasflächen, Stopschilder, Fahnenstangen, Leuchtschriften, rückte nun, gerade weil ich stundenlang nichts weiter weg hatte anschauen können, zu einer Landschaft auseinander, in der man sah, so weit das Auge reichte. Ich bekam Lust, mich hineinzulegen und darin ein Buch zu lesen.

Als ich schon mit dem Essen fertig war, schaute ich immer von neuem die Speisekarte durch und las die Namen der Speisen mit einer Unersättlichkeit, mit der ich früher im Gebetbuch Heiligenbiographien gelesen hatte. Ein Alamo-Steak, ein Louisiana-Küken, ein Daniel-Boone-Bärenschinken, ein

Kotelett nach Onkel Tom. Die wenigen Gäste waren alle noch dageblieben und redeten jetzt laut. Ein Zeitungsverkäufer kam zur Tür herein und warf ein paar Zeitungen auf die Garderobe. Eine geschminkte alte Frau ging mit Blumen von Tisch zu Tisch. Ein Kellner goß neben einem dicken Ehepaar mit einer flüchtigen Geste Kognak über ein Omelett, die Frau riß ihm ein Streichholz an, und er nahm es mit einer Verbeugung und hielt es an die Pfanne. Das Omelett flammte auf, und das Ehepaar klatschte in die Hände. Der Kellner lächelte, legte das Omelett auf einen Teller und servierte es der Frau. Dann nahm er mit einer Serviette die Weinflasche aus dem Eiskübel und schenkte, indem er den freien Arm auf den Rükken legte, dem Ehepaar Weißwein nach. Ein Pianist kam von irgendwo und fing sofort leise zu spielen an. Ein Koch trat ans Bullauge der Küchentür und schaute ihm zu. Ich bestellte noch eine Karaffe von dem Rotwein, trank sie leer und blieb sitzen. Ein Kellner ging in die Küche und kam kauend wieder heraus. Die Garderobefrau legte eine Patience. Sie hatte eine Stecknadel im Mund und rührte nebenbei in einer kleinen Tasse Kaffee, die vor ihr auf der Brüstung stand. Dann legte sie den Löffel weg, ließ die Nadel aus dem Mund fallen und schluckte den Kaffee in einem hinunter. Sie schwenkte die Tasse noch einmal, damit der Zucker sich auflöste, kippte sie noch im Schwenken zwischen die Zähne und legte die Patience weiter. Zwei Frauen kamen von draußen herein, die eine winkte mit einem langen Handschuh den Kellnern zu, die andre stellte sich sofort ans Klavier, der Pianist wechselte in eine andre Melodie, und sie sang:
»In the years of old, in the years of gold,
in the years of forty-nine.«

Lang nach Mitternacht kam ich zu Fuß ins Hotel zurück. Ich ließ mir noch vom Nachtportier die Zugkarte nach Philadelphia geben, dann setzte ich mich in die Bar, die BLUE BAR hieß, und trank Kentucky Whisky, langsam, ohne betrunken zu werden. Ich nahm mir von einem Tisch Ansichtskarten von dem Hotel und schrieb vielen Leuten, auch einigen, denen ich noch nie geschrieben hatte. Von einem Automaten im Hotelvorraum holte ich Luftpostmarken und warf die Karten gleich in den Hotelbriefkasten. Ich ging in die Bar zurück, saß in einem breiten Ledersessel, mit dem ich mich herumdrehen konnte, und hielt das Glas vor mir auf der flachen Hand. Manchmal beugte ich mich dazu und trank einen kleinen Schluck. Der Barmann kam her und stellte den Aschenbecher auf einen anderen Tisch, wo eine alte Frau saß, die ab und zu kicherte. Dann zog sie jedesmal ein Notizbuch aus ihrem Rüschenbeutel und schrieb mit einem silbernen kleinen Kugelschreiber etwas hinein. Schließlich wurde ich zum zweiten Mal in dieser Nacht müde, nahm mir noch eine Ansichtskarte von dem Stapel und ging zu Fuß zu meinem Zimmer hinauf. Ich adressierte die Karte im Gehen und warf sie oben im Flur in einen Postschlitz. Sie klapperte unterwegs manchmal, während sie hinunterfiel.
Auf dem Boden in meinem Zimmer lag ein weißes Blatt Papier. Ich glaubte sofort, es sei eine Nachricht für mich, und hob es auf. Es war aber nur das Empfehlungskärtchen des Hotelmanagers, das in der Obstschüssel obenauf gelegen hatte. Ich rief noch einmal unten an und bat, die Klimaanlage wieder anzuschalten. Dann legte ich mich ohne mich zu waschen ins Bett und schlug den Grünen Heinrich auf.
Ich las, wie Heinrich Lee auf der Schule seinen ersten Feind bekam. Ein Mitschüler veranlaßte ihn, auf alles, was sich in der Natur regte, zu wetten: auf welchen Pfahl sich ein Vogel

setzen, wie tief sich ein Baum im Wind beugen, ob am See jede fünfte oder jede sechste Welle wieder eine große sein würde. So stellte sich bei Heinrich eine Wettsucht ein, er verlor auch, und als er nicht zahlen konnte, begegneten sich die beiden, inzwischen Feinde, nur noch einmal, auf einem schmalen Felspfad. Sie fuhren sofort aufeinander los und kämpften stumm und erbittert. Mit tödlicher Ruhe klammerte sich Heinrich an den andern, schlug ihm gelegentlich die Faust ins Gesicht und empfand dabei doch ein solch wildes Weh wie er es tiefer nie mehr empfinden würde. Bald darauf mußte er die Schule verlassen und kam aufs Land, wo er zum ersten Mal frei in die Natur blickte und sie mit einer neuartigen Lust gleich auch zeichnen wollte.
Ich war auf dem Land aufgewachsen und konnte schwer verstehen, wie einen die Natur von etwas befreien sollte; mich hatte sie nur bedrückt, oder es war mir in ihr wenigstens unbehaglich gewesen. Stoppelfelder, Obstbäume und Weideflächen waren mir unangenehm und hatten etwas Abschreckendes. Ich lernte sie zu sehr aus der Nähe kennen: lief auf den Stoppelfeldern barfuß, an den Baumrinden riß beim Klettern die Haut ab, auf den Weiden ging man in Gummistiefeln im Regen hinter seichenden Kühen her. Aber jetzt erst merkte ich, daß ich diese kleinen Unbequemlichkeiten nur deswegen so stark gespürt hatte, weil ich mich in der Natur nie hatte frei bewegen dürfen: die Obstbäume gehörten anderen, vor denen man über die Felder davonlaufen mußte, und indem man auf das Vieh aufpaßte, bekam man als Lohn dafür gerade nur die Gummistiefel, die man ohnedies nur brauchte, um auf das Vieh aufzupassen. Weil das Kind sofort in die Natur gezwungen wurde, um darin zu arbeiten, entwickelte es auch nie einen Blick dafür, höchstens einen bloß kuriosen auf Felsspalten, hohle Bäume und Erdlöcher, in denen man verschwinden

konnte, überhaupt auf alle Arten von unterirdischen Höhlen. Auch Unterholz zog mich an, Maisfelder, dichtes Haselnußgebüsch, Hohlwege und Bachschluchten. Häuser und Straßen waren mir lieber als die Natur, hier konnte ich viel weniger Verbotenes tun. Wenn der Wind ein Weizenfeld bewegte, war es mir nur lästig, daß er mir die Haare in das Gesicht blies, obwohl ich mir ein Weizenfeld, *das sich im Wind hin und her wälzte,* später oft vorstellte, um mir auszureden, wie unbehaglich mir in der Natur immer gewesen war, und doch eigentlich nur deswegen, weil ich mir in ihr nie etwas leisten konnte.

Ich hatte das Buch schon weggelegt und lag in dem dunklen Zimmer. Die Klimaanlage rauschte leise, und allmählich begann ich mir zuzuschauen, wie ich einschlief. Die Badezimmertür verwandelte sich in ein weißes Haus auf einem Hügel. Jemand versuchte durch die Nase zu atmen, und am Fuß einer Felswand tief unter mir winselte zur Antwort ein Hund. Ich legte mich auf die andere Seite und rollte sofort einen Abhang hinunter. Ich fiel in ein ausgetrocknetes Bachbett, in dem Kleiderbügel und zerschnittene Gummistiefel lagen, und krümmte mich zum Schlafen zusammen. Der Regen rauschte, auch eine Springflut näherte sich mit Getöse, ohne aber näherzukommen. »Ich habe vergessen, mich ins Gästebuch einzutragen!«

Am nächsten Morgen stieg ich kurz vor Mittag in der Pennsylvania Station in den Zug der Penn Central Railway nach Philadelphia.

Wenn ich mich erinnere, so verstehe ich es nicht mehr: und doch verging mir dieser Tag so schnell wie Tage in Vampirfilmen. Man betrat einen unterirdischen Bahnhof, in dem Rolltreppen immer noch weiter hinunterführten, ging, von der letzten Stufe der Rolltreppe hingestoßen, gleich zu einer offenen Tür hinein, und war erst, als man sich setzte und fuhr, sicher, daß man in einem Zugabteil war. Einige Minuten blieb es vor den Fenstern dunkel, während der Zug durch einen Tunnel unter dem Hudson River fuhr; und auch als er in New Jersey wieder an die Oberfläche kam, tauchte er in einer dämmernden Landschaft auf, die durch die getönten Fenster noch verdüstert wurde. Im Wagen war es hell, die Buchseiten leuchteten fast, wenn man sie umblätterte; sooft man aber hinausschaute, kamen einem die Wolken noch finsterer vor, und die Gegend darunter wurde von Blick zu Blick leerer: Müllhaufen statt der Häuser, gelber Qualm am Horizont, ohne Schlote, ein Auto ohne Reifen, das mit den Rädern nach oben im Brachland lag, kreuz und quer verwachsene Wälder, wo die im Windbruch entwurzelten Bäume verwelkt in den grünenden Bäumen hingen, dazwischen Fetzen wie Fallschirmseide, ins Land verirrte Möwen auf Sandhügeln. Da die Eisenbahngesellschaft vor einiger Zeit in Konkurs gegangen war, fuhr der Zug an aufgegebenen Bahnhöfen vorbei, durch Städte, deren Häuser von der Bahn abgekehrt lagen und dadurch wie evakuiert und entvölkert erschienen. Nach zweieinhalb Stunden, als ganze verrußte Häuserreihen mit vernagelten Fenstern, auf die Rattengiftzeichen gemalt waren, näher an die Schienen rückten, wurde es auch im Abteil so dunkel, daß man die Einfahrt in den Tunnel versäumte, der den Zug in den unterirdischen Bahnhof von Philadelphia führte.

Wieder Rolltreppen; ein großer Platz, auf den man gleich hinaustreten konnte, ohne über Stufen hinunterzusteigen. Ich schaute mich um, ob jemand mich abholte. Ich sagte: »Du brauchst dich nicht zu verstecken. Hinter welcher Bahnhofssäule bist du gestanden und hast mich beobachtet? Ich will dich gar nicht finden!« »Erpreß mich nicht mit mir selber«, sagte ich. »Die Schreckensempfindlichkeit ist nicht meine Natur, jedenfalls nicht mehr lange. Ich bin nicht mehr wehrlos dagegen.« Zwei Quäkergeistliche, in schwarzen Röcken mit langen Schößen, breitkrempige niedrige Hüte auf dem Kopf, gingen über den Platz auf ein offenes Auto zu, vor dem ein junger Negerchauffeur stand, mit einem kleinen Taschenradio in der Hemdtasche. Ein Marinesoldat, den ich auch im Zug gesehen hatte, kam hinter den Quäkern hergelaufen und zeigte ihnen etwas. Sie lächelten nur, der eine von ihnen wehrte mit der Hand ab, während der andre schon ins Auto stieg. Plötzlich kam er wieder heraus und zeigte auf mich. Ich erschrak. Sie winkten mir, und ich ging langsam auf sie zu. Der Soldat hob den Arm und schüttelte meine Kamera hin und her; ich hatte sie im Zug vergessen.

Ich ging dann mit dem Soldaten über den Platz. Wir wußten beide nicht wohin, jeder begleitete den andern. Vor dem Denkmal von William Penn machte ich ein Foto von dem Soldaten, und er steckte es in seine Brieftasche, als es getrocknet war. Er nahm dafür einen Zeitungsausschnitt heraus, faltete ihn auf und hielt ihn an den Rändern fest wie eine Urkunde. Es war ein Bericht von der Rückkehr des Soldaten in seine Heimatstadt Red Wing in Minnesota. Er war vom Veteranenclub begrüßt worden und hatte eine Rede gehalten, die, so schrieb die Zeitung, zwar einfach war, aber alle in ihrer Unbekümmertheit überzeugt hatte. »Eigentlich sprach ich nur davon, daß Bob Hope mit seinen Mädchen uns einmal besucht hat«, sagte der Soldat, »und erzählte ihnen ein paar von den Witzen, die er uns erzählt hat. Aber die Stimmung war angenehm, niemand fragte mich etwas.« »Ich habe damals in Red Wing den Rock 'n' Roll eingeführt«, sprach der Soldat weiter. »Wir haben mit meinem Mädchen zuerst zu Hause geübt,

und dann drückte ich einmal am Abend JAILHOUSE ROCK in der Juke Box, wir fingen zu tanzen an, als ob wir Walzer tanzen wollten, und plötzlich warf ich sie mir über die Schulter.«
»Ich bewundere Elvis Presley«, sagte der Soldat, »er war über zwei Jahre bei der Armee, und jetzt ist er wieder im Geschäft. Ich selber bin nicht gern bei der Marine, aber es ist ein Job. Einmal habe ich im seichten Wasser einen Schilfhalm herausragen sehen. Es waren noch ein paar Schilfhalme in der Nähe, die haben sich aber alle bewegt. Dieser eine hat sich nicht bewegt. Ab und zu hat man eben jemanden umbringen müssen, sonst wäre man selber umgebracht worden.« Der Soldat hatte ein rundes Gesicht mit großen Nasenlöchern. Er trug eine Brille, auf die von den Augenbrauen Schuppen gefallen waren. Seine Lippen waren sehr blaß, er hatte einen Goldzahn und sprach mit einer leisen Stimme, die am Ende eines jeden Satzes in ein Singen überging und sich hob, als brauchte er ein Nicken zum Weiterreden. Er nahm die Mütze ab und zeigte mir die Rock'n' Roll-Tolle darunter. Die Brille rutschte ihm dabei auf die Nase, und seine Augen schauten mit einer blinden, gleichgültigen Freundlichkeit, ohne mich überhaupt wahrzunehmen. Ich bemerkte, daß ich zum ersten Mal seit langem wieder jemanden ohne Anstrengung aus der Nähe betrachten konnte. *Man* sah den Soldaten an. Gleichzeitig aber war ich beleidigt, daß er gerade mir seine Geschichte erzählt hatte. Wie kommt es, daß gerade mir immer Geschichten erzählt wurden? dachte ich. Man mußte es mir doch ansehen, daß ich von vornherein nicht damit einverstanden sein konnte. Und trotzdem wurden mir immer wieder die dümmsten Geschichten mit einer solchen Ruhe erzählt, als könnte man sich gar nicht vorstellen, ich würde ihnen anders zuhören als ihr Komplize.
»Muß ich mich denn immer noch darstellen, damit man mich

wahrnimmt?« fragte ich mich, als ich dann mit dem Vorwand, ich wollte telefonieren, allein weiterging. »Kommt denn die Art, wie ich mich verhalten und nicht verhalten will, immer noch erst dann heraus, wenn ich rede und widerspreche? Erkennt man sie nicht endlich daran, wie ich mich bewege, wie ich den Kopf halte, wie ich um mich schaue?« »Oder habe ich noch immer die Gesten von früher?« dachte ich auf der Fahrt im Taxi zum Hotel: »Muß ich mir noch immer von Schritt zu Schritt eine neue Haltung ausdenken? Sieht man mir denn an, daß ich unter vielen Gebärden immer erst eine auswählen muß? Vielleicht glaubt man deswegen, daß ich mit jeder möglichen Ansicht einverstanden bin?« »Oder man will mich nur erschrecken«, dachte ich, während ich am Hoteleingang zuschaute, wie der Taxifahrer meinen Koffer einem Hotelangestellten übergab. »Vielleicht bin ich einer von den Leuten, denen man sofort ansieht, daß man mit ihnen jedes Spiel treiben kann; denen gegenüber man sofort die Vorsicht verliert, mit der man sonst jemanden kennenlernt: zu denen man sofort freundlich ist, weil man von ihnen nichts zu befürchten hat, und denen alles so sehr gefällt, daß sie sich alles gefallen lassen?«
Ich legte unwillkürlich den Kopf in den Nacken, wie bei einem Nasenbluten: die Wolken glänzten jetzt hell, und ich bekam Angst, daß es um so schneller Nacht werden würde. Ich war am Morgen kaum in den Zug gestiegen; war dann mit dem Soldaten ein wenig über den Platz gegangen, und schon war es später Nachmittag: lange Schatten, wenn die Sonne einmal kurz hervorkam, und auch das nur zum Zeichen, es würde gleich finster werden und alles würde dann etwas andres bedeuten. Mit einem Gefühl, als sei der Fuß, den ich jeweils vorsetzte, zu leicht, und der Fuß, der zurückblieb, zu schwer, folgte ich dem Träger auf dem Weg, der sehr tief in das Hotel

hinein zur Rezeption führte. Ich füllte nur eben den Meldezettel aus und mußte im Lift gerade so lange warten, bis noch jemand im Rollstuhl hereingeschoben wurde; aber als ich im Zimmer ankam, ging die Sonne schon unter. Ich trat aus dem Badezimmer, und es dämmerte bereits; und als ich den Mantel in den Schrank hängte, vielleicht ein wenig sorgfältiger als sonst, und mich umdrehte, war es finster geworden.

»Du *Ding!*« sagte ich. »Ich schlage dich zu Brei, ich schlage dich zu Brei, ich schlage dich zu Brei. Bitte laß dich nicht finden, du *Unwesen*. Es wäre nicht schön für dich, von mir gefunden zu werden.«

Jemand schlug um sich, er wurde aus dem Haus getragen, ich lief hin, sah zu, wie er vor der Haustür erstickte, »am Blütenstaub!«, ein andrer, der ihn hielt, rutschte aus und fiel hin, ich half, den Toten ins Haus zu tragen, ging dann langsam weg, und ein scharfer Schmerz elektrisierte mich von der Fußsohle bis in die Gehirnhaut hinauf, als ich dabei barfuß auf einen kleinen, nicht einmal spitzen Stein trat. Dann flüsterten Frauen hinter mir eine Todesnachricht, schonend, sie flüsterten nicht einmal, nur ihre Kleider raschelten, aus einem Sumpf schauten zwei Krötenaugen heraus, eine Türklinke bewegte sich langsam auf und nieder, schonend?, ich streckte die nackten Beine aus und stieß in Brennesseln. Eine Eidechse huschte jetzt am Rand meines Blickfelds; es war aber nur das Hotelschild am Türschlüssel, das immer noch an der Tür hin und herschaukelte. »Ich will nicht mehr allein sein«, sagte ich.

In PHOENIXVILLE im Westen von Philadelphia wohnte eine Frau, der ich schon geschrieben hatte, daß ich sie vielleicht besuchen würde. Sie hieß Claire Madison. Vor drei Jahren, als ich das erste Mal in Amerika war, hatten wir einmal mitein-

ander geschlafen. Wir kannten uns kaum, und weil ich so voreilig gewesen war, mußte ich oft daran denken.
Ich suchte ihren Namen im Telefonbuch und rief sie an. »Wo bist du?«, fragte sie. »In Philadelphia«, antwortete ich. »Ich fahre morgen mit dem Kind im Auto nach St. Louis«, sagte sie. »Willst du mitfahren?« Wir verabredeten uns, daß ich am nächsten Tag gegen Mittag nach Phoenixville kommen sollte; nach dem Mittagsschlaf des Kindes würden wir losfahren.
Sie legte schnell auf, und ich blieb am Telefon sitzen. Auf dem Nachttisch stand eine kleine elektrische Uhr. Ein düsterer Schein ging von dem Ziffernblatt weit ins finstere Zimmer hinaus. Nach jeder Minute raschelte es leise, wenn eine Zahl umsprang. Ich zog den Stecker der Uhr heraus, so daß es in dem Raum jetzt ganz dunkel wurde. Claire war etwa dreißig Jahre alt, als wir uns zum ersten Mal gesehen hatten. Sie war groß und hatte breite Lippen, die, wenn sie lächelte, sich nicht öffneten, sondern nur ein wenig schmaler wurden. Auch ihr Gesicht war groß, es war unpassend, sie zu streicheln. Es war überhaupt nicht möglich, sie zu liebkosen. Sie sprach nie über sich selber, und auch ich kam nie auf den Gedanken, daß man über sie etwas sagen könnte. Sie war immer so leibhaftig anwesend, daß darüber hinaus nichts mehr zu sagen blieb. So redete ich mit ihr über mich oder über Dinge vor dem Fenster, das war unsre einzige Möglichkeit, zärtlich zu sein. Etwas anderes wäre schon ein Überspringen gewesen, das uns nur überanstrengt hätte. Am letzten Tag kam ich zu ihr, und sie rief mir schon von innen zu, ich sollte nur hereinkommen, die Tür sei offen: diese offene Tür und die Haltung, mit der sie in der Tür zu einem anderen Raum lehnte, als ich dann eintrat, ordneten sich sofort, wie im Traum, zu dem Zeichen, auf sie zuzugehen, sie zu umarmen und ihr auch gleich ein Bein zwischen die Beine zu schieben. Ich stand auf, als ich daran

dachte, setzte mich wieder und preßte die Augen so zu, daß sie mir wehtaten. Und dieses lange Gemurmel nachher, bis sie sich auszog! Wir standen abgewendet und redeten mit fremden Stimmen zueinander, betrachteten einander dann immer wieder lange und schweigend mit innigen und doch leeren Blicken, liebkosten uns immer wieder, bis wir vor Gier laut husteten, und lösten uns doch jedesmal ratlos voneinander, schauten vom Schoß des andern zu seinen Augen hinauf, mußten uns von neuem abwenden, und der eine murmelte wieder mit seiner verstellten Stimme, bis der andre ihn mit gekünstelten neuen Liebkosungen unterbrach. Dabei war die Tür, an der sie lehnte, nur die Tür eines großen amerikanischen Kühlschranks gewesen! Dann ergab es sich einmal während unserer halbherzigen Zärtlichkeiten, daß mein Glied plötzlich in sie eingedrungen war. Ich sollte noch ihren Namen nennen, konnte aber nicht. Sie unterrichtete Deutsch an einem College. Ihr Vater war nach dem Krieg in Heidelberg stationiert, und statt sie nachkommen zu lassen, schrieb er nur immer in Briefen, sie sollte Deutsch lernen. Sie war eine Zeitlang verheiratet gewesen. Das Kind, das sie hatte, war nicht von mir.

Tiefe Nacht, das Zimmer lag hoch, im letzten Stock, die Straßenbeleuchtung schien nicht mehr herein, die Gebäude waren dunkle Bürohäuser; keine Putzfrauen mehr darin. Nur einmal leuchtete es zwischen den Wänden grell auf, als ein Flugzeug mit blinkenden Positionslichtern ziemlich niedrig vorüberflog. Ich rief einige Hotels in Philadelphia an, die teuer genug waren, daß Judith in ihnen wohnen könnte: das Sheraton Hotel, das Warwick Hotel, das Adelphia, das Hotel Normandie. Erst dann fiel mir ein, daß sie vielleicht hier im Hotel war, und ich rief unten an. Sie hatte im Barclay Hotel gewohnt, war

aber vor zwei Tagen abgereist. Sie hatte nichts zurückgelassen, auch nichts vergessen; die Rechnung war mit Bargeld bezahlt worden.
Ich wurde wütend; dann verging die Wut, und ein Grausen wurde so stark, daß die Gegenstände im Zimmer mit Fledermausflügeln zu flattern schienen. Dann verging auch das Grausen, und ich spürte einen großen Überdruß, daß ich noch immer der gleiche war und mir nicht zu helfen wußte. Ich bestellte in der Küche einen Toast und dazu französischen Rotwein und schaltete im Zimmer alle Lichter an, wie man es sonst nur auf Reklamebildern von Hotelzimmern sieht. Auch im Badezimmer schaltete ich die Lichter an. Als der Kellner den Wagen hereinschob, auf dem Toast und Rotweinflasche komisch nebeneinanderstanden, schaltete ich auch noch den Farbfernseher an. Ich aß und trank und schaute ab und zu hin, wenn in dem Film eine Frau aufschrie, oder wenn es längere Zeit ganz still war. Einmal, als ich wieder lange nur den Apparat rauschen hörte, schaute ich auf und sah im Hintergrund des Filmbilds eine leere Häuserreihe mit alten deutschen Bürgerhäusern: im Vordergrund, so nah, daß man von ihm nur den Kopf sah, ging plötzlich ein Monster vorbei. Zwischendurch warb immer wieder ein Mann mit einer Kochmütze für ein fertiges Dinner in fünf Gängen, das man einfach in einem Zellophansack in siedendes Wasser steckte und nach ein paar Minuten herausnahm; der Mann führte auch vor, wie er den Sack mit einer Schere aufschnitt, und ließ dann nacheinander die Speisen in Großaufnahme dampfend auf Papierteller plumpsen. Später trank ich nur noch den Wein und schaute auf einem andern Kanal einen Zeichentrickfilm an, in dem eine Katze einen Kaugummi so weit aufblies, daß er platzte und sie erstickte. Zum ersten Mal sah ich, wie in einem Zeichentrickfilm jemand umkam.

Dann bekam ich Lust, noch wegzugehen. Ich ließ den Fernseher laufen, die Lichter angeschaltet und fuhr hinunter. Weil Sonntag war, hatte die Bar geschlossen, und ich ging auf die Straße hinaus. Die Straßen von Philadelphia laufen parallel nebeneinander, die kreuzenden Straßen immer im rechten Winkel dazu. Ich ging geradeaus, bog dann in die Chestnut Street ein, die eine der Hauptstraßen ist, und ging geradeaus weiter. Die Straßen waren alle still. In einem Musikkeller traf ich den Soldaten wieder; obwohl es hier keinen Alkohol gab, schien er betrunken zu sein. Er lehnte an der Wand und schaute den Tanzenden zu, die alle ganz jung waren. Er war nicht mehr in Uniform, trug eine Lederjacke, in der auch die Brille steckte. Ich nickte ihm zu, er winkte, schien mich aber nicht wiederzuerkennen. Ich setzte mich mit einem dunklen, angebrannt schmeckenden Getränk, das root beer hieß, an einen Tisch und konnte nicht von ihm wegschauen.
Die Musikgruppe hatte sich bis auf den Sänger zurückgezogen. Der Sänger nahm jetzt eine Stahlgitarre und setzte sich auf einen Hocker vor das Mikrofon. Er fing zu singen an und erzählte eine Geschichte, die er selber erlebt hätte. Man tanzte nicht mehr, stand nur herum und hörte ihm zu. Er erzählte von einem schwachsinnigen Mädchen, das von einem Farmer, bei dem sie arbeitete, vergewaltigt worden war und ein Kind bekommen hatte. »Und dieses Kind war ich!« sagte der Sänger und schlug dabei die Gitarre, deren Ton noch anhielt, während er die Geschichte weitererzählte. »Sie gebar das Kind, als sie zum Brunnen Wasser holen ging, sie wickelte es in die Schürze und trug es nach Hause, und ich wuchs auf als das Kind des Farmers und seiner Frau. Und eines Tages kletterte ich über einen Zaun (I climbed up the Virginia fence, sagte der Sänger) und blieb hängen. Da kam die Schwachsinnige dazugelaufen, die nicht einmal reden konnte, und half

dem Kind herunter. Und das Kind sagte zu der Frau des Farmers: ›He, Mutter, warum hat denn die Idiotin so weiche Hände?‹ Und diese Idiotin war meine Mutter!« schrie der Sänger. Er hob die Gitarre, kauerte sich zusammen und fing in langen, nachzitternden Akkorden zu spielen an.

Der Soldat regte sich plötzlich, während die Musik schärfer und ungeduldiger wurde. Er hob die Arme, als ob er sich strecken wollte. Er stemmte dabei aber etwas, das er nicht ganz über den Kopf brachte: seine Hände stockten und ballten sich zitternd zusammen. Er schloß die Augen so fest, daß auch die Augäpfel zu zittern anfingen. Gegen einen übermächtigen Widerstand drückte er den Kopf zur Seite, versuchte dann, indem er mit der Schulter zuckte, sich gegen das Ohr zu schlagen. Dabei ging sein Mund auf, und er knirschte mit den Zähnen. Jede Bewegung, die er anfing, stockte sofort in einer gleich starken Gegenbewegung. Sein Gesicht schief, der Kopf verdreht, als sollte er gleich in den Nacken zurückspringen. Und immer wieder versuchte der Soldat, eine Last hochzustemmen; immer von neuem kämpften sich die Arme bis über die Schultern hinauf, fingen dort zu flattern an, fielen um sich schlagend ein wenig zurück, fingen sich mit einer letzten Muskelanstrengung wieder auf, und sogar das Zurückfallen der Arme schien für den Soldaten eine mühsame Arbeit zu sein. Dann hob er ein Knie, zwängte den Kopf dazu und rieb die Stirn daran. Der Schweiß rann ihm aus den langen Koteletten, sein Zahnfleisch war hell von Speichel, und doch betrachtete ich ihn mit Achtung und Zuneigung. Seine Verzükkung war nicht künstlich und abgeschaut wie die Bewegungen der andern, die inzwischen auch wieder tanzten, sondern sie hatte ihn überrascht, und er wußte noch nicht wohin mit ihr. Er konnte nicht mehr reden, nicht einmal stammeln, und so versuchte er sich zu erlösen, indem er sich gebärdete, als sterbe in ihm ein vorzeitliches Ungeheuer. Dann wurde er plötzlich ruhig und hielt ein Messer in der Hand. Jemand, der ihn beobachtet hatte, schlug ihn sofort auf den Unterarm, und das Messer fiel zu Boden. Nur ein paar sahen zu, wie der Soldat hinausgeführt wurde.

Ich ging dann ins Hotel zurück und las noch, wie der Grüne Heinrich nach der Natur zu zeichnen anfing und doch erst nur das Abgelegene und Geheimnisvolle darin suchte. Indem er zerrissene Weidestrünke und Felsgespenster dazuphantasierte, wollte er die Natur übertrumpfen, um sich selber als Beobachter interessanter zu machen. Er erfand Bäume und Felsen mit abenteuerlichen Fratzen und zeichnete als Staffage wunderliche zerlumpte Gestalten hinein, weil er so wenig von sich selber wußte, daß ihm die einfach vorgegebene Natur noch nichts sagte. Erst ein Verwandter, der sein Leben lang in der Natur gelebt hatte, machte ihn darauf aufmerksam, daß die Bäume, die er zeichnete, ja einer dem andern ähnlich sähen und alle zusammen keinem wirklichen. »Diese Felsen und Steine könnten keinen Augenblick so aufeinanderliegen, ohne zusammenzufallen!« Der Verwandte stellte ihm nun die Aufgabe, sein Besitztum zu zeichnen, und wenn er auch als Besitzer sprach, so war Heinrich doch genötigt, die Gegenstände einmal genau anzuschauen. Jetzt gaben ihm die allereinfachsten Dinge, sogar die Ziegel auf dem Dach, mehr zu schaffen als er je gedacht hatte. Mir fiel wieder ein, daß auch ich lange Zeit nur einen verschrobenen Sinn für die Umwelt gehabt hatte: wenn ich etwas beschreiben sollte, wußte ich nie, wie es aussah, erinnerte mich höchstens an Absonderlichkeiten, und wenn es keine gab, erfand ich sie. So träten in meinen Beschreibungen immer riesengroße Leute mit Feuermalen auf und redeten mit Fistelstimme. Meistens waren es entsprungene Sträflinge, die stundenlang im Regen auf einem Baumstamm im Wald saßen und in den Wind hinein ihre Geschichte erzählten. Krüppel, Blinde und Schwachsinnige sah ich sofort, hätte aber nicht einmal sie näher beschreiben können. Für Ruinen interessierte ich mich mehr als für Häuser. Gern war ich auf Friedhöfen und zählte jeweils die Selbstmördergräber an der Friedhofsmauer. Ich konnte lange mit jemandem zusammensein und ihn dann, wenn er hinausging und zurückkam, nicht wiedererkennen; höchstens wußte ich noch, daß er einen Pickel hatte, oder daß er lispelte. Nur für Abnormitäten und schlechte Angewohnheiten brachte ich einen zweiten Blick auf, sonst sah ich schon nach dem ersten nicht mehr hin und mußte phantasieren, wenn ich davon erzählen sollte; und weil auch die Phantasie noch nichts wußte, log ich allem besondere Merkmale an, wie auf einem Steckbrief. Diese besonderen Merkmale ersetzten dann ganze Landschaften, Zusammenhänge und Schicksale. Erst bei Judith, mit der ich zum ersten Mal etwas zu erleben anfing, bekam ich einen Blick für die Umwelt, der nicht mehr nur ein erster böser war. Ich hörte auf, Merkmale zu sammeln, und fing an, geduldig zu werden.

Ich war eingeschlafen, ohne die Lichter abzuschalten, so daß mir im Traum die Sonne ins Gesicht schien. Einmal wartete ich an einer Straßenkreuzung; neben mir hielt ein Auto, und ich beugte mich sofort darüber und zog mit der Hand den Scheibenwischer über die Scheibe. Eine Frau streckte sich vom Nebensitz heraus und schob ihn wieder herunter. Dabei deutete sie zum Himmel, und ich merkte, daß ja die Sonne schien. Ich lachte, auch der Lenker, ein *Franzose*, lachte mir zu, und doch, als ob das ein Angsttraum wäre, wachte ich auf, mit steifem Glied, aber nicht erregt, und schaltete die Lichter ab. Gegen Morgen klatschte jemand heftig in die Hände, ich

rief: »Ja!« und sprang aus dem Bett. Dabei war nur vor dem Fenster eine Taube aufgeflattert.
Phoenixville ist eine Kleinstadt mit etwa fünfzehntausend Einwohnern, ungefähr dreißig Kilometer vor Philadelphia. Ich handelte mit einem Taxifahrer den Preis aus und fuhr gleich nach dem Frühstück los. Unterwegs auf dem Provinzhighway hielten wir einmal, und ich kaufte in einem Discountladen ein paar Kassetten für die Polaroidkamera, die hier um die Hälfte billiger waren als an den Flughäfen, und für das Kind eine Mundharmonika. Für Claire etwas mitzubringen, das hätte sie nur verlegen gemacht. Es fiel mir nichts ein, was ihr entsprach, und ich konnte sie mir auch nicht mit irgendeiner Sache in der Hand vorstellen; sie hätte ausgesehen, als übertreibe sie. Und doch trug sie gerade einen Koffer zum Auto, als das Taxi vor ihrem Haus in der Greanleaf Street hielt. Das Auto war ein Oldsmobile, die Hecktür stand offen. Das Kind ging ungeschickt vor Claire hin und her und trug einen Toilettebeutel. Auch die Haustür war offen, ein paar andre Koffer standen daneben, der Rasen vor dem Haus glänzte noch vom Tau.
Ich stieg aus, ging auch mit meinem Koffer zu ihrem Auto hin. Wir begrüßten uns, und ich legte den Koffer gleich hinein. Dann holte ich das übrige Gepäck von der Haustür, und sie nahm es mir ab und legte es dazu. Das Kind schrie, sie sollte den Kofferraum zumachen. Es war ein etwa zweijähriges Mädchen und hieß, weil sie in New Orleans geboren wurde, Delta Benedictine. Claire drückte den Kofferraumdekkel herunter und sagte: »Man kann nichts offenstehen lassen, wenn Benedictine dabei ist. Sie bekommt sofort Angst. Gestern hat sie plötzlich zu schreien angefangen und konnte nicht mehr aufhören, bis ich endlich herauskriegte, daß einer meiner Blusenknöpfe offenstand.« Sie hob das Kind auf, das

in meiner Gegenwart nicht gehen wollte, und wir traten ins Haus. Ich schloß die Tür.

»Du hast dich verändert«, sagte Claire. »Du schaust sorgloser aus. Es stört dich nicht mehr, ein schmutziges Hemd anzuhaben. Vor drei Jahren bist du immer mit weißen Hemden gekommen, jedesmal mit einem neuen, bei dem man an der Brust noch die Faltstellen sehen konnte. Und jetzt kommst du wieder und trägst sogar noch den Mantel von damals, kunstseidegestopft.«

»Ich habe keine Lust mehr, Sachen zum Anziehen zu kaufen«, sagte ich. »Ich schaue kaum noch in Auslagen. Früher wollte ich jeden Tag etwas andres anhaben, jetzt trage ich Monate durch dasselbe. Was das Hemd betrifft, so gab es gestern im Hotel keinen Waschdienst.«

»Und was ist im Koffer?« fragte Claire.

»Wäsche und Bücher«, sagte ich.

»Was liest du gerade?« fragte Claire.

Ich antwortete: »›Der grüne Heinrich‹ von Gottfried Keller.«

Sie hatte das Buch noch nicht gelesen, und ich sagte, ich würde ihr einmal daraus vorlesen. »Heute abend vielleicht«, sagte sie, »bevor wir schlafen gehen?«

»Wo wird das sein?« fragte ich.

»In Donora im Süden von Pittsburgh«, sagte sie. »Ich kenne dort ein Motel ein wenig von der Straße weg, wo das Kind ruhiger schlafen kann. Ich hoffe, daß wir soweit kommen, es sind fast dreihundert Meilen bis dahin, und die Allegheny Berge sind dazwischen. Kannst du noch immer nicht autofahren?«

»Nein«, sagte ich. »Ich will von niemandem mehr geprüft werden. Es ist mir inzwischen unerträglich, daß jemand mich etwas fragen und von meiner Antwort etwas abhängig machen kann. Früher, vor zehn Jahren, hätte ich mich noch prüfen lassen, wenn auch mit Widerwillen und Wut. Jetzt will ich nicht mehr.«

»Du redest oft von ›früher‹ und ›jetzt‹«, sagte Claire.

»Es ist, weil ich nicht erwarten kann, älter zu werden«, antwortete ich und mußte dabei lachen.

»Wie alt bist du?« fragte Claire.

»In drei Tagen werde ich dreißig«, sagte ich.

»In St. Louis!« sagte sie.

»Ja«, antwortete ich. »Und ich kann es kaum erwarten.«

»Nach St. Louis zu kommen oder dreißig Jahre alt zu werden?«

»Dreißig Jahre alt zu werden und in St. Louis zu sein«, sagte ich.

Sie gab dem Kind zu essen, während ich inzwischen ins Badezimmer ging und mir die Haare wusch. Weil sie den Föhnapparat schon eingepackt hatte, setzte ich mich mit den nassen Haaren vor das Haus ins Gras. Es kam mir ganz selbstverständlich vor, daß an diesem Tag die Sonne schien.

Als ich ins Haus zurückkam, zog sie das Kind aus, und ich schaute ihr zu. Sie steckte es in einen Schlafsack und legte es in einem anderen Zimmer zu Bett. Ich hörte, wie sie den Vorhang vorzog. Dann kam sie heraus, und wir aßen Roastbeef mit Knödeln und tranken Bier dazu.

»Gefällt es dir noch immer nicht in Österreich?« fragte sie.

»Ich war jetzt gern dort«, antwortete ich. »Ich habe bemerkt, daß ich vorher schon so weit war zu glauben, es gäbe dort nicht die üblichen Zeichensysteme. Und doch sah ich, ohne Spaß, die gleichen Verkehrsschilder, die gleichen Flaschenformen, die gleichen Schraubengewinde wie anderswo. Ich war ernstlich verwundert, daß es Gaststätten, Warenhäuser, Asphaltstraßen gab. Alles stand frei zur Verfügung. Vielleicht bin ich deswegen so erstaunt, weil es mein Kindheitsland ist und ich als Kind nichts davon wahrnahm, und was ich wahrnahm, mir nicht zur Verfügung stand. Sogar die Natur, die mich immer nervös und mit mir unzufrieden machte, schaue ich allmählich mit anderen Augen an.« Ich hatte eigentlich etwas anderes sagen wollen und hörte zu reden auf.

Dann räumte ich den Tisch ab und holte mir selber noch ein Bier aus dem Kühlschrank. Claire erzählte, es seien gerade Collegeferien, und sie wollte in St. Louis Freunde besuchen. »Es ist ein Liebespaar!« sagte sie. Außerdem sollte eine Schauspieltruppe, vom deutschen Außenministerium beauftragt, auf Einladung der St. Louis University einige klassische Stücke aufführen, die sie noch nie auf der Bühne gesehen hatte und auf die sie deswegen neugierig war.

Ich wollte ihr helfen, das Geschirr abzuwaschen, aber sie hatte inzwischen eine Geschirrspülmaschine, in die sie die Teller einfach hineinschichtete. Ich ließ mir erklären, wie das Gerät funktionierte. »Einige Sachen muß man trotzdem noch mit der Hand abwaschen«, sagte sie: »Silberbesteck zum Beispiel und Töpfe und Pfannen, die zu groß sind für die Maschine. Silberbesteck habe ich ohnedies nicht, aber weil ich oft für Wochen im voraus koche und das Essen dann in die Tiefkühltruhe gebe, muß ich meist große Töpfe verwenden.« Sie zeigte mir die eingefrorene Suppe in der Tiefkühltruhe. »Die kann ich auch im Herbst noch essen«, sagte sie, und ich hatte auf einmal ein Gefühl, daß einfach nichts passieren könnte, bis es Herbst wäre und sie die Suppe auftauen würde.

Als die Geschirrspülmaschine sich ausgeschaltet hatte, räumten wir das Geschirr ein. Ich hätte es vorher nicht mehr sagen können, aber als ich damit herumging, wußte ich doch immer wieder, wo jedes einzelne hingehörte. Die Bierflaschen warf ich in den Müllschlucker, dann schaltete ich den Plattenspieler an, ohne zu schauen, welche Platte gerade darauflag. Claire drehte ihn ein wenig leiser, wobei sie auf die Tür deutete, hinter der das Kind schlief. Die Platte hieß »She Wore A Yellow Ribbon«, und jemand spielte auf einer Maultrommel Themen aus den Filmen von John Ford. »In Providence habe ich das gleiche von einer Regimentskapelle gehört!« rief ich und wiederholte es leise, als hätte Claire den Satz so laut nicht verstehen können.

Sie ging barfuß hin und her, suchte noch kleinere Sachen zusammen, Nähnadeln, Medikamente, die das Kind vielleicht brauchte, ein Fieberthermometer, den Impfpaß des Kindes, einen Strohhut gegen die Sonne. Dann kochte sie mit Sodawasser Fencheltee für unterwegs. Es tat gut, dabeizusitzen; alles so wunderbar harmlos!

Sie ging in ein Zimmer, und als sie dann aus einem andern zurückkam, schaute ich auf und erkannte sie nicht wieder. Außerdem, aber das hatte damit nichts zu tun, trug sie ein anderes Kleid. Wir gingen vor das Haus, sie legte sich in eine Hängematte, ich setzte mich in einen Schaukelstuhl und erzählte, was ich in den drei Jahren erlebt hatte.

Dann hörten wir von drinnen das Kind rufen, Claire ging hinein und zog es an, während ich weiter auf und nieder schaukelte. Ich bemerkte, daß noch ein paar Kinderkleider an der Wäscheleine hingen, und legte sie, ohne Claire etwas zu sagen, in die Tasche, in die sie die andern kleinen Sachen gepackt hatte. Ich war angesteckt von der Heiterkeit ringsherum. Das Kind hinten im Auto, fuhren wir aus Phoenixville hinaus.

Unterwegs zum Highway 76 fielen ihr die Kinderkleider ein, und ich zeigte auf die Tasche, in der sie waren. »Auch den Plattenspieler und den Heißwasserboiler im Badezimmer habe ich abgeschaltet«, sagte ich.

Der Highway 76, von Philadelphia bis Pittsburgh, heißt Pennsylvania Turnpike und ist über fünfhundert Kilometer lang. Wir erreichten ihn über den Staatshighway 100 an seiner achten Mautstelle bei Downingtown. Claire hatte neben sich eine Schachtel mit Münzen, die sie an jeder neuen Mautstelle schnell durch das Fenster draußen in den Trichter warf, ohne daß das Auto ganz stehenblieb. Bis Donora passierten wir noch fünfzehn andere Mautstellen, und Claire mußte im ganzen über fünf Dollar hinaus in die Trichter werfen.
Wir redeten wenig, und dann nur zu dem Kind, das nach den Gegenständen in der Landschaft fragte. Der Himmel war wolkenlos, auf den Feldern wuchsen schon kleine Hopfen- und Mais-Pflanzen. Hinter den Hügeln, wo die größeren Ansiedlungen lagen, kam Rauch hervor. Obwohl jedes Stück Boden aussah, als hätte es gerade noch jemand bearbeitet, waren die Gegenden menschenleer, Nachahmungen unberührter Natur. Auch auf der wie neuen Straße war nicht eine einzige Arbeitsstelle; der Asphalt glänzte still; die Autos fuhren langsam, bei einer Höchstgeschwindigkeit von etwas über hundert Kilometer in der Stunde. Einmal flog ein Flugzeug der Luftwaffe niedrig über uns hinweg, mit einem so großen Schatten, daß ich glaubte, es stürze ab. Der Wind weiter weg schien schwächer zu sein als in den Gebüschen in der Nähe. Ein Schwarm von weißen Vögeln kehrte um und wurde dabei plötzlich dunkel. Die Luft war rein und klar, kaum ein Insekt stieß gegen die Scheiben. Ab und zu sah ich überfahrene Tiere, Katzen und Hunde hatte man an den Straßenrand geworfen, die Igel hatte man liegengelassen. Claire erklärte dem Kind, daß in den großen Aluminiumkugeln über den Farmen Wasser sei.
Ich hatte Lust zu fotografieren, obwohl es wenig zu sehen gab, und machte einige Bilder hintereinander, die fast alle

gleich waren. Dann fotografierte ich das Kind, wie es stand und hinten aus dem Auto hinausschaute. Schließlich fotografierte ich noch Claire, indem ich so weit wie möglich von ihr wegrückte, weil die Kamera keine Großaufnahmen macht, und hatte auch schon die letzte Kassette verbraucht, kaum daß wir an Harrisburg vorüber waren. Die Bilder reihte ich an der Windschutzscheibe auf und schaute manchmal hinaus, dann wieder auf sie zurück.

»Auch du hast dich verändert«, sagte ich zu Claire, erstaunt, daß es etwas über sie zu sagen gab, und zeigte auf eins ihrer Fotos. »Du siehst aus, als ob du bei jedem Gedanken schon überlegst, an was du als nächstes denken müßtest. Früher warst du ab und zu ganz abwesend, sogar stumpfsinnig, jetzt schaust du streng drein, auch irgendwie besorgt.«

»Irgendwie?«

»Ja, irgendwie besorgt«, antwortete ich. »Genauer kann ich es nicht sagen. Du gehst schneller, bewegst dich flinker, trittst fester auf, sprichst lauter, machst mehr Geräusche. Als ob du von dir ablenken wolltest.«

Sie hupte als Antwort, sagte sonst aber nichts. Nach einiger Zeit verlangte das Kind, das uns zugehört hatte, wir sollten weiterreden.

»Ich bin noch vergeßlicher als früher«, sagte Claire. »Oder nein: ich erinnere mich nur weniger. Manchmal erzählt mir jemand, was wir vor einigen Tagen miteinander getan hätten, aber ich will mich gar nicht erinnern.«

»Seit ich hier in Amerika bin, erinnere ich mich immer mehr«, sagte ich, als sie nicht weiterredete. »Ich brauche hier nur eine Rolltreppe zu betreten und erinnere mich schon daran, mit welcher Angst ich zum ersten Mal auf eine Rolltreppe trat. Komme ich in eine Sackstraße, fallen mir sofort alle vergessenen Sackstraßen ein, in die ich mich in meinem

Leben verirrt habe. Vor allem wird mir hier klar, warum sich bei mir keine Erinnerungsfähigkeit außer an Angstzustände ausgebildet hat. Ich hatte nie etwas, womit ich das, was ich täglich sah, vergleichen konnte. Alle Eindrücke waren Wiederholungen schon bekannter Eindrücke. Damit meine ich nicht nur, daß ich wenig herumkam, sondern daß ich auch wenig Leute sah, die unter anderen Bedingungen lebten als ich. Da wir arm waren, erlebte ich fast nur Leute, die auch arm waren. Da wir so wenig Dinge sahen, gab es nicht viel zu reden, und so redeten wir fast jeden Tag das gleiche. Wer mehr redete, war in diesen Verhältnissen, wenn er dabei lustig war und die andern unterhielt, ein *Original,* wenn er aber nur schwärmte wie ich, ein Träumer; denn ich wollte kein Original sein. Und diese Träume waren in der Umwelt, in der ich lebte, wirklich Schwärmereien, weil es für sie in dieser Umwelt keine Entsprechung gab, nichts Vergleichbares, das sie möglich gemacht hätte. So sind mir Träume und Umwelt nie so recht zu Bewußtsein gekommen, und die Folge davon war, daß ich mich an beides auch nie erinnere. Nur Angstmomente fallen mir sofort wieder ein, weil in ihnen Umwelt und Träume, die sonst so ohne Beziehung miteinander waren, plötzlich ein und dasselbe wurden. Die Umwelt bewirkte den Traum, der mich die Umwelt, über die ich sonst nur hinweggeschwärmt hatte, auf einmal klarsehen ließ. Angstzustände waren deswegen für mich immer Erkenntnisvorgänge, und nur wenn ich Angst hatte, achtete ich auch auf die Umgebung, ob sie mir etwa ein Zeichen zum Besseren oder noch Schlechteren gäbe, und erinnerte mich später daran. Aber diese Art von Erinnerung stieß mir eben nur zu, ich habe nie gelernt, sie auch zu betätigen. Wenn ich damals Hoffnungsmomente hatte, so habe ich sie alle vergessen.«

Wir waren immer höher hinaufgeraten, ohne daß sich Berge

mit größeren Erhebungen zeigten. Die Sonne stand schräg, und an den Abhängen leuchtete Glimmer auf. Wieder wollte das Kind uns reden hören. Claire erklärte ihm, daß wir später noch viel reden würden. Ich gab ihm in einem Becher Tee zu trinken. Es hielt den Becher mit beiden Händen und gab ihn mir zurück, als er leer war. Nach New Baltimore fuhren wir durch einen Tunnel, wo Claire das Kind vorn zu sich hob. Auf der anderen Seite des Tunnels ließ es sich von mir dann zurücksetzen. Zwischen den Hügeln gab es jetzt dunklere Schatten, und durchs Rückfenster sah man schon den Mond am Himmel.

»Wenn wir vor sieben in Donora sind, können wir noch mit dem Kind essen gehen«, sagte Claire. »Gegenüber dem Motel gibt es ein Restaurant, das ›The Yellow Ribbon‹ heißt.«

Wir hielten noch an einer Tankstelle. Während das Benzin eingefüllt wurde, ließ Claire das Kind hinter dem Gebäude die Notdurft verrichten. Ich holte inzwischen eine Dose mit Tonic-Wasser aus dem Automaten. Es waren wohl jetzt, gegen Abend, nur noch wenige Dosen drin, denn diese eine polterte aus ziemlicher Höhe in die Klappe hinunter und schäumte über, als ich den Verschluß aufzog. Das blau-weiß-rote ovale AMERICAN-Schild über dem Gebäude drehte sich langsam, und das Kind redete davon, als Claire mit ihm zurückkam. Wir fuhren ab, das Kind rief plötzlich, wir schauten uns um und sahen, daß die Tankstelle jetzt beleuchtet war. »Es war doch noch hell!« Auf einmal kam mir die Landschaft, durch die wir bis jetzt nur durchgefahren waren, wie ein Ort vor, an dem man auch ankommen könnte. Ich fing zu reden an und war erleichtert, daß ich dabei nicht mehr, wie früher, die eigene Stimme hörte.

»Erst jetzt entdecke ich bei mir so etwas wie eine tätige Erinnerung«, sagte ich, »während ich vorher nur eine leidende Erinnerung kannte. Indem ich die Erinnerung betätige, will ich aber nicht die Erlebnisse als ganze wiederholen, sondern möchte nur die ersten kleinen Hoffnungen, die ich dabei spürte, nicht wieder zu Schwärmereien verkümmern lassen. Als Kind vergrub ich zum Beispiel immer Sachen und hoffte, daß sie sich, wenn ich sie dann ausgrub, in einen Schatz verwandelt hätten. Jetzt sehe ich darin keine kindische Spielerei wie frühe als ich mich noch dafür schämte, und erinnere mich absichtlich daran, um mich zu versichern, daß die Unfähigkeit, die Sachen herum anders zu sehen und sie zu ändern, nicht meine Natur ist, nur jeweils Stumpfsinnigkeit oder äußerlicher Unwille. Noch mehr wird mir das klar, wenn ich mich erinnere, wie oft ich spielte, daß ich ein Zauberer sei. Dabei wollte ich weniger aus nichts etwas machen oder etwas in etwas anderes verwandeln als vielmehr mich selber verzaubern. Ich drehte an einem Ring, oder ich hockte mich unter eine Decke und sagte, daß ich mich wegzaubern würde. Natürlich war es lächerlich, wenn einem die Decke weggezogen wurde und man immer noch dasaß, aber wichtiger für die Erinnerung war doch der ganz kurze Augenblick, in dem man glaubte, man sei auch wirklich nicht mehr da. Und dieses Gefühl lege ich jetzt nicht mehr als Sehnsucht aus, vom Erdboden zu verschwinden, sondern als Freude auf eine Zukunft, in der ich nicht mehr der sein würde, der ich im Augenblick war. So sage ich mir jeden Tag, daß ich wieder einen Tag älter bin und daß man mir das doch ansehen müßte. Ich bin richtig gierig geworden, daß die Zeit vergeht und daß ich älter werde.«

»Und daß du stirbst«, sagte Claire.

»An meinen eigenen Tod denke ich kaum«, sagte ich.

Wir bogen vor Pittsburgh, wo der Highway 76 in den Nordwesten weiterführt, nach Südwesten in den Highway 70 ab, an dem keine Mautstellen mehr lagen, und erreichten Donora kurz nach Sonnenuntergang. Im Empfangsraum des Motels lief ein Farbfernseher; Henry Fonda spielte in einer Familienserie einen Polizeibeamten, der gerade entdeckt, daß seine Tochter Rauschgift nimmt. Neben dem Apparat stand ein Käfig, in dem ein Kanarienvogel am Kalkrückenschild eines Tintenfisches pickte. Wir ließen uns zwei aneinandergrenzende Zimmer geben.

Als wir über den Parkplatz zum Auto zurückgingen, sah ich über einem Hügelrücken eine kleine schmale Wolke, die von der Sonne hinter dem Hügel noch angestrahlt wurde. Die Wolke schimmerte so weiß über dem in eine Fläche zurückverwandelten dunklen Hügel, daß ich auf den ersten Blick und ohne es zu wollen am Himmel noch ein Tintenfischkalkschild sah. Auf einmal begriff ich, wie aus Verwechslungen und Sinnestäuschungen Metaphern entstanden. Die ganze Himmelsgegend, in der die Sonne gerade untergegangen war, blendete jetzt stärker als vorhin noch die unmittelbaren Sonnenstrahlen. Als ich zu Boden schaute, hüpften dort Irrlichter auf, und noch im Motelzimmer griff ich in der Dunkelheit nach einigen Sachen daneben. »Mein ganzes Wesen verstummt und lauscht«: so hatte man sich früher zu den Naturerscheinungen verhalten; ich aber spürte in diesen Augenblicken vor der Natur wieder unangenehm deutlich mich selber.

Ich schloß die Verbindungstür zum anderen Zimmer auf und schaute zu, wie Claire dem Kind statt des Kleids eine Hose und einen Pullover anzog, und der Anblick dieser menschlichen Tätigkeiten beruhigte mich. Auf einer Fußgängerbrücke gingen wir dann über den Highway hinweg zu dem Restaurant The Yellow Ribbon, vor dem die Neonstatue einer Pioniersfrau mit gelbem Halstuch stand. Auch die Frauen, die darin bedienten, trugen gelbe Halstücher, mit dreieckigen Zipfeln hinten auf der Schulter. Das Kind aß Milch und Cornflakes und nahm ab und zu von Claires Gabel einen Bissen der Forelle, die wir anderen aßen. Währenddessen wurde der Himmel vor den großen Fenstern dunkler, und die Hügel davor hellten sich wieder auf. Dann wurden auch die Hügel dunkel, und wenn man hinausschaute, sah man nur etwas von sich selber in den Scheiben. Das Kind fing nun viel zu reden an, die Pupillen wurden groß, es lief vom Tisch weg in den Raum hinaus. Claire sagte, nun sei es doch müde geworden; sie ließ es noch ein wenig laufen und trug es dann hinaus, um es im Motelzimmer schlafen zu legen. Wenn es eingeschlafen war, wollte sie zurückkommen.

Nach einiger Zeit kam sie wieder zur Tür herein und lächelte. Ich hatte inzwischen Wein bestellt und schon die zwei Gläser gefüllt. »Benedictine hat gefragt, warum du so schmutzige Fingernägel hast«, sagte Claire. »Sie ist gleich eingeschlafen.«

Ich wollte die schmutzigen Fingernägel erklären; dann hörte ich aber auf, von mir selber zu reden, und wir sprachen von Amerika.

»Ich habe kein Amerika, wo ich hinfahren kann wie du«, sagte Claire. »Du bist hierhergekommen wie mit einer Zeitmaschine, nicht um den Ort zu wechseln, sondern um in die Zukunft zu fahren. Wir hier haben keinen Sinn mehr dafür, was mit uns werden soll. Wenn wir etwas vergleichen, vergleichen wir es mit der Vergangenheit. Wir wünschen uns auch nichts, höchstens, wieder Kinder zu sein. Wir reden oft von den ersten Jahren, von unseren eigenen ersten Jahren wie auch von den ersten Jahren unserer Geschichte; aber nicht um abzuschwören, sondern mit einer Art Schrumpfsehnsucht. Man kann sehen, daß die meisten Wahnsinnigen hier nicht tobsüchtig, sondern nur wieder kindisch werden. Immer mehr kriegen auf offener Straße plötzlich Kindergesichter. Dann singen sie entweder Wiegenlieder oder sagen bis zu ihrem Tod Geschichtsdaten auf. Die Geisteskranken in Europa sprechen meistens in religiösen Formeln, die Geisteskranken hier, auch wenn sie nur vom Essen reden, leiern zwischendurch plötzlich zwanghaft die Namen der gewonnenen Schlachten der Nation herunter.«

»Als ich zum ersten Mal hier war, wollte ich nur Bilder sehen«, sagte ich: »Tankstellen, gelbe Taxis, Autokinos, Reklametafeln, Highways, den Greyhound-Autobus, ein BUS-STOP-Schild an der Landstraße, die Santa-Fé-Eisenbahn, die Wüste. Ich hatte ein menschenleeres Bewußtsein und fühlte mich wohl dabei. Jetzt bin ich all dieser Bilder überdrüssig und will etwas anderes sehen, aber ich fühle mich auch seltener wohl, weil mir die Leute hier noch immer zu neu sind.«

»Aber im Moment fühlst du dich wohl?« fragte Claire.

»Ja«, sagte ich.

Ich bemerkte, daß ich schon wieder von mir selber geredet hatte, und fragte sie, ob ich ihr drüben im Hotel noch aus dem Grünen Heinrich vorlesen könnte. Wir gingen über den Highway zurück. Die Sterne waren schon aufgegangen, und der Mond schien so hell, daß die Autos mit großen Schatten in der weiter entfernten Kurve auftauchten. Im Näherkommen, zwischen den Lichtern von Motel und Restaurant, verloren sie die Schatten und schrumpften zusammen. Wir schauten eine Zeitlang hinunter und gingen dann über den langen Hof, wo es mit jedem Schritt stiller wurde, zu unseren Zimmern.

Sie sah nach, wie das Kind schlief, und kam dann durch die

Verbindungstür zu mir herüber. Sie setzte sich aufs Bett, lehnte sich zurück, und während nur ab und zu leise ein Auto aufrauschte, las ich in einem breiten Sessel, über dessen eine Seite ich die Beine gelegt hatte, wie Heinrich Lee, als er zum ersten Mal jemanden umarmte, in eine eisige Kälte versank und wie er und das Mädchen sich plötzlich als Feinde fühlten. So gingen sie zusammen nach Hause, und nun fütterte Heinrich noch das Pferd, während das Mädchen am offenen Fenster die Haare aufband und ihm zuschaute. »Die gemächliche Beschäftigung unserer Hände in der Stille, die über dem Gehöfte lagerte, erfüllte uns mit einer tiefen und von Grund aus glücklichen Ruhe, und wir hätten jahrelang so verharren mögen; manchmal biß ich selbst ein Stück von dem Brote, ehe ich es dem Pferde gab, worauf sich Anna ebenfalls Brot aus dem Schrank holte und am Fenster aß. Darüber mußten wir lachen, und wie uns das trockene Brot so wohl schmeckte nach dem festlichen und geräuschvollen Mahle, so schien auch die jetzige Art unseres Zusammenlebens das rechte Fahrwasser zu sein, in welches wir nach dem kleinen Sturme eingelaufen und in welchem wir bleiben sollten.« Ich las dann noch von einem anderen Mädchen, das den Heinrich deswegen liebte, weil seine Miene so aussah, daß sie sich sehnte, auch immer das zu denken, was er gerade dachte.
Ich sah, daß Claire die Augen geschlossen hatte und fast schlief. »Es ist spät«, sagte sie, nachdem wir einige Zeit still gesessen hatten, »und ich bin müde vom Autofahren.« Sie ging ein wenig schwindlig in ihr Zimmer.

In dieser Nacht verging mir sogar im Schlaf die Zeit zu langsam. Das Bett war so breit, und ich bewegte mich auch so viel darauf hin und her, daß ich mir die Nacht nur noch länger machte. Hier hatte ich aber zum ersten Mal seit Monaten

Träume, in denen ich wieder mit einer Frau zusammensein und mit ihr schlafen wollte. Im letzten halben Jahr, als Judith und ich ganz trocken im Mund wurden vor lauter Haß, sooft wir einander nur sahen, hatte ich nicht einmal mehr im Traum daran gedacht, einer Frau nahe zu kommen und mich mit ihr einzulassen. Es ekelte mich nicht etwa bei dem Gedanken, in sie einzudringen, ich war nur zu einem solchen Gedanken gar nicht mehr fähig. Wohl erinnerte ich mich, daß so etwas möglich war, aber nichts reizte mich, es mir auch nur vorzustellen. Diesen Zustand schmückte ich noch aus, bis sich allmählich eine starre Abgeklärtheit einstellte, die mich endlich wieder aufschrecken ließ. Daß ich jetzt wenigstens wieder davon träumte, mit einer Frau zusammenzusein, belebte die lange Nacht und ließ mich ungeduldig aufwachen. Ich wollte Claire davon erzählen, aber dann schien es mir besser, zu warten, ob sich das Erlebnis wiederholen würde.
Als ich das Kind im anderen Zimmer reden hörte, zog ich mich an und ging hinüber. Ich half die Sachen einpacken, wir frühstückten noch, dann fuhren wir los. Wir wollten noch vor Mittag in Columbus / Ohio sein, und bis dahin waren es noch etwa dreihundert Kilometer. In Ohio mußte man durch einige Städte durchfahren, außerdem kreuzten den Highway 70 mehrere Straßen in der Nord-Süd-Richtung, so daß wir damit rechnen mußten, bis Columbus fünf Stunden zu brauchen. Dort wollten wir etwas essen, das Kind würde dann auf der Weiterfahrt im Auto schlafen. Unser Tagesziel war INDIANAPOLIS in Indiana, sechshundert Kilometer nach Donora.

Der Tag war wieder wolkenlos, die Sonne war gerade aufgegangen und schien hinten ins Auto herein. Ich setzte dem Kind den Strohhut auf, und weil ich ihn nicht gerade aufgesetzt hatte, wurde es gereizt und schrie. Kaum war es ruhig, fuhr auf der anderen Fahrbahn ein Auto vorbei, dessen Kofferraum ein wenig offenstand, weil darin ein paar Säcke transportiert wurden; und das Kind erregte sich wieder. Man konnte ihm aber noch verständlich machen, daß es wegen der Säcke so sein mußte. Wir verließen den Staat Pennsylvania, und als wir einige Kilometer durch den nördlichen Zipfel von West-Virginia fuhren, fiel mir ein Satz ein, den ich einmal in einer Abenteuergeschichte gelesen hatte: »Was ist eine Virginia-Wiese gegen die Texas-Prärie?«

Wir fuhren über den Ohio-Fluß nach Ohio hinein. Es wurde heiß in dem Auto. Das Kind saß aufmerksam da, kleine Schweißperlen auf seiner Oberlippe, obwohl wir die Fenster ein wenig aufgemacht hatten. Dann wurde es unruhig, wechselte immer wieder vom Sitzen ins Stehen und umgekehrt. Ich gab ihm die Teeflasche, aber als ich sie hinreichte, wollte es sie nicht nehmen. Es schaute dabei so entsetzt, als ob es große Angst hätte. Claire sagte, ich hielte die Flasche vielleicht »in der falschen Hand«. Ich nahm sie in die andre Hand, und jetzt nahm sie das Kind und trank, wobei es lange Seufzer ausstieß. Als es die Flasche absetzte, redete ich es an, mit seinen verschiedenen Namen. »Nenn sie besser nur bei einem Namen« sagte Claire, »es war ohnehin ein Fehler von mir, ihr mehr als einen Namen zu geben. Wenn ich ein zärtliches Gefühl für sie hatte, sprach ich sie jedesmal mit verschiedenen Namen an, erfand sogar bei jeder Ansprache noch einen Phantasienamen dazu, das brachte sie durcheinander. Sie wollte bei einem einzigen Namen genannt werden, jeder zweite verwirrte sie schrecklich.«

»Ich habe bei dem Kind viele Fehler gemacht«, sagte Claire. »Den einen habe ich dir schon genannt: daß ich sie aus Zuneigung jedesmal umtaufte, und nicht nur das: in diesem Liebeszustand nannte ich auch immer die Gegenstände anders, mit denen sie zu tun hatte, und verstörte sie noch mehr. Schließlich merkte ich, daß sie immer auf der ersten Benennung für eine Sache beharrte; jeder zweite Name brachte sie außer sich. Oft beschäftigte sie sich auch ruhig mit etwas, und ich schaute ihr zu. Dann konnte ich es nicht mehr aushalten, bei ihr zu sein und nicht mit ihr zu reden, und unterbrach ihre Ruhe, indem ich zu sprechen anfing. Und in diesem Augenblick war sie schon aus ihrem Zusammenhang gerissen und mußte wieder beruhigt werden. Ein anderer Fehler war vor allem, daß ich die Idee von einer unamerikanischen Erziehung hatte. Ich wollte nicht, daß sie sich benahm, als ob die Welt ihr gehörte, oder daß sie wenigstens das, was ihr gehörte, für die Welt ansah. Ich wollte vermeiden, daß sie an Sachen hing, weil ich glaubte, daß die amerikanische Erziehung diesen Hang zu den Sachen noch verstärkte. Ich kaufte ihr keine Spielsachen, ließ sie nur mit Dingen spielen, die für was andres bestimmt waren, mit Zahnbürsten, Schuhcremedosen, mit Geräten im Haushalt. Sie spielte damit und schaute dann ohne Unwillen zu, wie es verwendet wurde. Aber wenn jemand andrer damit auch nur spielen wollte, wie sie, wollte sie es nicht weggeben und verhielt sich dazu wie zu üblichem Spielzeug. Dann glaubte ich, es sei doch Besitzsucht, die sich bei ihr entwikkelte, und versuchte sie zu überreden, es doch dem anderen Kind zu lassen, das damit spielen wollte. Sie klammerte sich aber daran, und weil ich es noch immer als Besitzwillen auslegte, nahm ich es ihr weg. Erst später merkte ich, daß sie sich vor Angst daran klammerte, und jetzt bin ich sicher, daß es keine Besitzgier ist, wenn Kinder sich von etwas nicht trennen können, sondern *Angst*. Sie bekommen einen tierischen Schrecken, wenn etwas, das gerade noch zu ihnen gehörte, plötzlich woanders ist, wenn die Stelle, wo es war, leer ist, und wissen dann nicht mehr, wohin sie selber gehören; aber ich war so blind von der Vernünftigkeit, die ich mir vorgenommen hatte, daß ich statt des Kindes nur noch seine Verhaltensweisen sah und diese sofort in ein Deutungsmuster brachte.«

»Und was ist jetzt?« fragte ich.

»Ich weiß mir oft nicht zu helfen«, sagte Claire. »Besonders wenn sie länger unterwegs ist, gerät sie leicht außer sich, weil sie mit jedem Blick etwas anderes sieht und sich nicht mehr orientieren kann. Ich bin froh, daß du dabei bist und daß sie uns beide als Fixpunkte hat.«

Ich wollte mich nach dem Kind umdrehen, hielt aber inne, weil es sich gerade erst besänftigt hatte.

»Einmal wurde mir eine Armbanduhr gestohlen«, sagte ich. »Es lag mir gar nichts daran, und ich hatte sie auch vorher überhaupt nicht mehr wahrgenommen, und trotzdem erschrak ich noch lange danach jedesmal, wenn ich die leere Stelle am Handgelenk sah.«

In einer Reihe von Stangen auf einem Feld war eine schief, und das Kind fing wieder zu schreien an. Wir hielten an einem Einkaufszentrum neben der Straße; Claire ging mit dem Kind ein wenig auf und ab. Sie setzte es auf einen Spielzeugelefanten, der mit einem Zehn-Cent-Stück zum Schaukeln gebracht werden konnte, und ließ es schaukeln, bis es sich zu entspannen schien. Dann sah es wohl die schwarzen Flecken von Hunde-Urin am Sockel des Elefanten, denn es wollte sofort wieder weggehoben werden. Es schaute ruckhaft um sich, wendete sich aber von allem schnell ab, als ob es jeder Anblick entsetzte. Claire konnte ihm nicht einmal einen Bussard zeigen, der langsam über dem Gebäude kreiste, es schlug ihr gleich die Hand herunter. Claire legte es ins Auto, es blieb auch liegen, verlangte nur, daß die Fotos an der Windschutzscheibe umgruppiert würden. Während Claire in das Einkaufszentrum ging, um etwas Orangensaft zu holen, mußte ich die Fotos immer wieder umstellen. Nirgends schienen sie am Platz zu sein, aber ich durfte sie auch nicht entfernen. Einmal, als ich ein Foto verrückte, brüllte das Kind panisch auf, fast mit der Stimme eines Erwachsenen. Es mußte ein geheimes Muster geben, das es sehen wollte und das ich mit jedem meiner immer hilfloseren Versuche zu bilden anfing und sofort wieder zerstörte. Als Claire zurückkam, war das Kind ganz außer sich geraten und raste nur noch. Ich stockte in der Bewegung, mit der ich die Bilder anordnete, und auf einmal war es wieder ruhig, ohne daß ich aber an den Bildern jetzt eine eigene Ordnung entdeckte. Claire füllte den Saft in die Flasche und gab dem Kind zu trinken. Niemand von uns redete. Die Augen des Kindes wurden groß, es blinzelte immer seltener, dann schlief es ein. Wir kauften nur ein paar Sandwiches und Obst und fuhren gleich weiter.

»Auf einmal war ich an der Stelle des Kindes«, sagte ich nach einiger Zeit. »Das erste, an was ich mich in meinem Leben erinnere, ist der Schrei, den ich ausstieß, als man mich in einem Waschbecken badete und als plötzlich der Stöpsel herausgezogen wurde und das Wasser unter mir weggurgelte.«
»Oft vergesse ich das Kind ganz«, antwortete Claire. »Dann bin ich am sorglosesten. Ich spüre es gar nicht, es läuft um mich herum wie ein Haustier. Dann spüre ich es wieder, und ich merke, wie ich nicht anders kann als es zu lieben. Und um so stärker die Liebe wird, um so stärker wird auch die Todesangst. Manchmal, wenn ich das Kind lange angeschaut habe, kann ich beides schon nicht mehr unterscheiden. Die Zärtlichkeit wird so stark, daß sie in Todesangst umschlägt. Einmal habe ich ihr in diesem Zustand sogar ein Bonbon aus

dem Mund genommen, weil ich sie plötzlich ersticken sah.« Claire sprach mit ruhiger Stimme, wie über sich erstaunt. Sie schaute auf die grünen Schilder über dem Highway, um bei der Umfahrung von Columbus auf der richtigen Straße zu bleiben. Die Strecke verlief jetzt kaum mehr in Kurven, fast eine Stunde lang hatte es keine einzige Krümmung gegeben; das half dem Kind auch zu schlafen. Hier waren die Hügel kleiner, die Felder schon dichter grün, die Maispflanzen höher als in Pennsylvania.

Nach Columbus deutete Claire auf den Wagenspiegel, und ich sah darin, daß das Kind allmählich aufwachte; an den Schläfen nasse Haare, das Gesicht gerötet. Es lag eine Zeitlang mit offenen Augen, ohne sich zu bewegen; dann merkte es, daß es beobachtet wurde, und schmunzelte. Es sagte nichts, schaute nur friedlich herum. Es war ein Spiel, in dem jeder auf das erste Wort oder die erste Bewegung wartete. Schließlich verlor ich, weil ich mich umsetzte; das Kind fing zu reden an.

Wir bogen vom Highway ab und hielten auf einer Landstraße. Wir gingen ein wenig über eine leere Grasfläche, ein leichter Wind bauschte uns die Haare. Ich sah, daß die Schläfen des Kindes immer noch naß waren, wir beugten uns zu ihm hinunter und merkten, daß es unten bei dem Kind fast windstill war. Claire hob es auf; jetzt trockneten die Haare. Wir ließen uns an einer Wasserstelle nieder. Das Gras war hart wie Sumpfgras, in den Rinderhufspuren überall kleine weiße Pilze. Schlammhügel ragten hier und da über die Wasseroberfläche, Kuhmist und Laichflecken von Fröschen schwammen daneben, ab und zu ließ eine einzelne tanzende Mücke das ganze Wasser aufrieseln; Schaum sammelte sich um einen halb versunkenen Baumast, die Luft darüber war dunstig.

Wir aßen die Brote, dann gingen wir auf eine Baumgruppe zu,

weil es in der Sonne zu warm wurde. Das Kind ließ sich jetzt von mir tragen, und ich lief mit ihm zwischen Eichen und Ulmen durch, während Claire zunächst langsam hinterdreinging, später ganz zurückblieb. Eine Eisenbahnlinie mußte in der Nähe vorbeiführen, denn als das Kind ein paar Blätter von den Bäumen riß, hatte es rußige Hände. Dabei waren die Blätter kaum erst ausgetrieben. Wir kamen an eine Lichtung, wo ein Bach fast unsichtbar unter breiten Sumpfblättern floß. In meinen Augenwinkeln sah ich ein großes Tier, ich fuhr herum, aber nur eine Ratte kroch gerade unter die Blätter hinein. Sie blieb fürs erste darunter hocken, der Schwanz draußen zwischen den Grashalmen. Ich bückte mich mit dem Kind und wollte einen Stein danach werfen; es gab rundherum keinen, ich merkte nur, als ich mich wieder aufrichtete, daß wir ein wenig eingesunken waren. Ich hob den Fuß, denn um die Schuhe hatte sich schon Wasser angesammelt, und tat einen großen Schritt zur Seite: das Bein versank sofort bis zum Knie in einem warmen Schlamm, und ich spürte noch, ohne daß ich es hörte, wie beim Einsinken unten im Schlamm ein paar verfaulte Zweige knackten.

Ich blieb breitbeinig stehen, sank aber nicht weiter ein; der Schwanz der Bisamratte war bei meinem Einsinken verschwunden. Als ich mich auf einmal nicht mehr bewegte, klammerte sich das Kind an mich und atmete schneller. Ich rief nach Claire, mit möglichst gleichgültiger Stimme. »Nicht rufen!« sagte das Kind. Ich fing an, das Bein herauszuziehen, und sprang schon, bevor ich es ganz aus der Erde hatte, zu den Bäumen zurück, so daß der Schuh im Schlamm unten steckenblieb. Ich glaubte, das Kind schrie vor Angst, dabei lachte es, weil ich so hüpfte. Claire saß an einen Baum gelehnt und war eingeschlafen. Ich setzte mich ihr gegenüber, das Kind fand unter dem Laub vom vergangenen Herbst ein paar alte

Eicheln, die es still neben mir aufreihte. Nach einiger Zeit machte Claire die Augen auf, als ob sie sich nur schlafend gestellt hätte, und sah sofort, daß mir ein Schuh fehlte, und die Schlammkrusten an meiner Hose. Als ob sie einen Traum erzählte, sagte sie, was mir zugestoßen war, und ich bestätigte es. »Hast du Angst gehabt?« – »Es war eher eine Art Wut«, antwortete ich.

Wir gingen über die Weide zurück. Schwalben flogen sehr hoch darüber, wie sonst nur über großen Städten. »In Amerika geht kaum jemand spazieren«, sagte Claire. »Man fährt mit dem Auto oder sitzt vor dem Haus in Schaukelstühlen. Wer auf dem Land geht und nichts tut als gehen, den merkt man sich.« Sie zeigte auf einen Mann in einem karierten Hemd, der über ein Feld her mit einem Prügel in der Hand auf uns zulief. Als wir stehenblieben, hörte er zu laufen auf, und erst jetzt sah er wohl, daß wir ein Kind dabeihatten, und blieb wie wir stehen. Er ließ den Prügel fallen, bückte sich dann aber und warf einen Klumpen Kuhmist herüber. Er wartete, und als wir langsam weitergingen, zog er plötzlich sein Glied heraus und urinierte in unsere Richtung; dabei bewegte er sich vor und zurück wie beim Geschlechtsverkehr und spritzte sich Hosen und Schuhe an; schließlich verlor er das Gleichgewicht und fiel auf die Schultern.

Wir hatten ihm zugeschaut, ohne schneller zu gehen. Claire sagte nichts; nur im Auto, bevor sie anfuhr, lachte sie lautlos. Sie lachte so, daß sie den Kopf in die Hand stützen mußte.

Weil ich nur das eine Paar Schuhe gehabt hatte, kauften wir im nächsten Einkaufszentrum ein neues Paar. Als wir wieder fuhren und als ich den Schlamm an meiner Hose betrachtete, der noch immer nicht getrocknet war, wurde ich allmählich reizbar und ungeduldig. Ich schaute immer wieder, ob der

Schlamm nicht endlich trocken sei, und übertrug schließlich meine Ungeduld auf die Gegend, durch die wir uns bewegten. Ich schaute vom Schlamm, der nicht trocknen wollte, auf die Landschaft, die sich nicht ändern wollte, und unsere Bewegung kam mir so sinnlos vor, daß ich mir kaum mehr vorstellen konnte, einmal am Ziel in Indianapolis zu sein. Ich spürte eine Unlust bei unserer Bewegung, ein Gefühl, als seien wir mit laufendem Motor stehengeblieben, und wünschte andrerseits doch, auch wirklich stehenzubleiben. Ich schaute, wann statt der Autokennzeichen von Ohio endlich die Autokennzeichen von Indiana auftauchen würden, und wann statt BUCKEYE STATE endlich eine andre Bezeichnung an den Schildern der überholten Autos zu lesen wäre. Dann überholten wir zwar immer mehr Autos mit der Bezeichnung HOOSIER STATE an den Schildern, und in Indiana fielen mir auch endlich die ersten trockenen Flechten von der Hose, aber ich wurde nur noch immer ungeduldiger, fing an, die Meilensteine zu zählen, die noch zwischen uns und Indianapolis lagen, denn sie waren jetzt das einzige, was sich in der immer gleichen Landschaft veränderte, und atmete unwillkürlich im Rhythmus ihrer Abstände voneinander, bis mir der Kopf wehtat. Ich war überdrüssig, daß man es immer nötig hatte, Entfernungen zurückzulegen, wenn man woanders sein wollte, und die Art, wie Claire mit dem Fuß das Gaspedal drückte, kam mir schließlich lächerlich, sogar unnütz vor. Und trotzdem wünschte ich, daß sie es noch tiefer drückte, hätte am liebsten noch den Absatz des neuen Schuhs auf ihren Fußrücken gepreßt; und die Ungeduld wurde so stark, daß meine Unlust zu Mordlust wurde. Obwohl die Sonne unterging, blieb das Licht gleichmäßig hell, es dämmerte nicht, und die körperlose, götzenhafte Ruhe, die ich spürte, als wir später in der Dämmerung nach Indianapolis hineinfuhren,

kam mir dann auch, indem ich Claire von der Seite betrachtete, wie die Ruhe eines Mörders vor.
Ich wollte die Stadt nicht sehen: als hätte sie mich im voraus enttäuscht und als hätte ich schon genug von ihr, und schaute zu Boden, während ich Claire in dem HOLIDAY INN gleich hinter der Rennbahn nach zwei Zimmern fragen hörte. Im Zimmer zog ich sofort den Vorhang vor und rief das Hotel in Providence an. Jemand hatte gestern dort angerufen, und man hatte ihm meine Adressen in New York und Philadelphia gegeben. »Ihm?« »Nein, es war eine Frau«, sagte die Telefonistin. Ich rief das Hotel Algonquin an, dann das Barclay Hotel in Philadelphia; dort hatte Judith zwar angerufen, ob ich noch da sei, ohne aber selber eine Nachricht zu hinterlassen. Ich gab meine Adresse in Indianapolis an und sagte, ich würde am nächsten Tag wieder anrufen und meine Adresse in St. Louis angeben. Kaum legte ich auf, läutete das Telefon. Weil diesmal zwischen den beiden Zimmern keine Verbindungstür war, rief mich Claire vom Nebenzimmer an und fragte: »Wie geht es dir?« Ob wir unten im Restaurant essen wollten?
Ich hatte keinen Hunger und sagte, wir könnten, wenn das Kind schliefe, ein wenig weggehen. Sie war einverstanden, und als ich auflegte, hörte ich hinter der Wand das kurze Klingeln, mit dem auch sie den Hörer auflegte. Ich zog den Vorhang wieder weg und schaute hinaus, ohne eine Einzelheit wahrzunehmen. Ein gleichmäßiger Rhythmus vor dem Fenster schläferte mich ein und ließ mich doch aufmerksam werden. Auf einem kleinen Hügel stand in einiger Entfernung eine Zypresse. Ihre Zweige sahen in der Dämmerung noch fast kahl aus. Sie schwankte leicht hin und her, in einer Bewegung, die dem eigenen Atem glich. Ich vergaß sie wieder, aber während ich dann auch mich selber vergaß und nur noch hin-

ausstarrte, rückte die Zypresse sanft schwankend mit jedem Atemzug näher und drang mir schließlich bis in die Brust hinein. Ich stand regungslos, die Ader im Kopf hörte auf zu schlagen, das Herz setzte aus. Ich atmete nicht mehr, die Haut starb ab, und mit einem willenlosen Wohlgefühl spürte ich, wie die Bewegung der Zypresse die Funktion des Atemzentrums übernahm, mich in sich mitschwanken ließ, sich von mir befreite, wie ich aufhörte, ein Widerstand zu sein, und endlich als Überzähliger aus ihrem sanften Spiel ausschied. Dann löste sich auch meine mörderhafte Ruhe, und ich fiel aufs Bett, schwach und angenehm faul. Wo ich war und wann ich woanders sein würde, alles war mir recht, die Zeit verging schnell. Schon war es Nacht, und schon klopfte Claire an die Tür, um mich abzuholen.

Wir saßen im Warren Park von Indianapolis und unterhielten uns; eine Angestellte des Holiday Inn sollte ab und zu nach dem Kind sehen. Jetzt erst ging hier der Vollmond auf, und die weißen Bänke und Büsche standen ringsherum wie Erscheinungen. In einer Laterne war das Glas zerbrochen, eine Motte flatterte darin, bis sie verbrannte. Das Mondlicht war sehr hell, und doch nicht hell genug, so daß man zu platzen glaubte. Mein Herz schlug schmerzhaft, und ich seufzte oft, wenn ich Atem holte. Langstielige Blumen standen an den Wegen, die weißen Blütenblätter ins Mondlicht gespreizt, völlig bewegungslos, am Höhepunkt einer Raserei – man hatte auch nicht mehr die Kraft, sie in Bewegung zu setzen –, und ab und zu sprang knackend eine Knospe auf. In einem Abfallkorb raschelte es und war auch schon wieder still. Der Rasen war fahl, wie verdorrt, die kurzen Schatten der Bäume darin wie Brandflecken. Es war mir auch innerlich heiß, obwohl die Luft eher kühl war. Hinter den künstlich angelegten

Tulpenbäumen und Palmen flimmerten der Pfeil und darüber der fünfzackige Stern des Holiday Inn.

»Ich bemerke, wie sich bei mir in Amerika jetzt die Kindererlebnisse wiederholen«, sagte ich. »Alle Ängste, Sehnsüchte stellen sich wieder ein, die ich schon längst hinter mir glaubte. Wieder, wie schon als Kind, kommt es mir vor, als ob die Umwelt auf einmal platzen könnte und sich als etwas ganz andres entpuppen würde, zum Beispiel als das Maul eines Ungeheuers. Heute auf der Fahrt erlebte ich von neuem die Sehnsucht, daß ich Siebenmeilenstiefel hätte und die Zeit nicht mehr mit dem Zurücklegen von Entfernungen verbringen müßte. Der Gedanke, daß es anderswo etwas andres gibt, und daß man nicht auf der Stelle dort sein kann, macht mich wieder, wie als Kind, fast wahnsinnig. Nur bin ich damals bei dem Gedanken in einen Taumel geraten, und jetzt rede ich davon, vergleiche und fange zu lernen an. Es käme mir lächerlich vor, diese Rätselhaftigkeiten zu deuten; ich formuliere sie nur, um mich nicht mehr so vereinzelt zu fühlen wie damals. Ich benehme mich ungeniert, rede viel, lache gern, möchte so dick sein, daß ich mit dem Bauch eine Drehtür aufstoßen kann, freue mich, daß ich mir allmählich nicht mehr auffalle.«

»Auch der Grüne Heinrich wollte nichts deuten«, sagte Claire plötzlich. »Er erlebte nur möglichst unbefangen und sah zu, wie das eine Erlebnis das andre auslegte, und das nächste wiederum dieses eine. Er ließ die Erlebnisse vor sich aufspielen, ohne selber einzugreifen, und so tanzten auch die Menschen, die er erlebte, nur an ihm vorbei. Weder forderte er sie auf, noch zog er sie aus dem Reigen heraus. Er wollte nichts entziffern; es würde sich schon eins aus dem andern ergeben. Auch du kommst mir vor, als ob du die Umwelt nur an dir vorbeitanzen läßt. Du läßt dir Erfahrungen vorführen, statt dich hineinzuverwickeln. Du verhältst dich, als ob die Welt eine *Bescherung* sei, eigens für dich. So schaust du nur höflich zu, wie nach und nach alles ausgepackt wird; einzugreifen wäre ja eine Unhöflichkeit. Du läßt nur geschehen, und wenn dir etwas zustößt, nimmst du es mit Erstaunen, bewunderst das Rätselhafte daran und vergleichst es mit früheren Rätseln.« Ich dachte an Judith und erschrak, der Schweiß brach mir aus vor Scham, und ich mußte aufstehen und im Mondlicht umhergehen.

»Es stimmt«, sagte ich, wieder sorglos, unbeteiligt wie in einem Spiel: »Wenn ich etwas sehe und anfange, es zu erleben, denke ich sofort: ›Ja, das ist es! Das ist die Erfahrung, die mir noch fehlt!‹ und hake sie gleichsam ab. Kaum verstricke ich mich in etwas, schon formuliere ich es mir und trete daraus zurück, erlebe es nicht zu Ende, sondern lasse es an mir vorbeiziehen. ›Das war es also!‹ denke ich und warte, was wohl als nächstes kommen wird.«

»Und doch ist der Grüne Heinrich nicht unliebenswert, wenn man ihn auch mit der Nase auf alles stoßen möchte«, sagte Claire, ebenso spielerisch. »Denn er meidet ein Erlebnis nicht aus Feigheit oder aus Zaghaftigkeit, sondern weil er doch immer befürchtet, es gelte nicht ihm, und er würde, wenn er sich einließe, nur zurückgestoßen werden, wie er ja schon als Kind immer zurückgestoßen wurde.«

»Aber was ist er denn in diesem Fall anders als feig?« sagte ich. Claire erhob sich, und ich trat zur Seite. Ich trat wieder vor, Claire glättete das Kleid und ließ sich nieder, ich setzte mich zu ihr. Daß wir so viel geredet hatten, hatte uns widerstandsloser gemacht. Wir umarmten einander noch nicht, berührten uns nicht einmal, empfanden aber schon die Nähe als einen Austausch von Zärtlichkeit. Ich fühlte mich zurechtgewiesen, und doch wieder so selbstbewußt, als ob mir geschmeichelt worden wäre. Ich erschrak, daß Claire recht hatte, und freute mich im nächsten Moment, weil sie nicht recht hatte. So ging es mir oft, wenn ich jemandem zuhörte, der mich beschrieb; es traf mich, und doch war es unverschämt. Wenn ich einmal einen andern beschrieb, log ich zwar nicht, aber ich kam mir doch wie ein Aufschneider vor. »Und jetzt ist das Märchen vom Grünen Heinrich zuende«, sagte ich zu Claire.

Sie atmete wie zustimmend ein, und bei diesem Atemholen war es, als ob sich ihr Körper ganz langsam ausdehnte und mich berührte. Sie berührte mich freilich nicht, die Einbildung hatte nur vorweggenommen, wonach ich so unruhig war, und was ich trotzdem so unbehaglich erwartete. Der Mann fiel mir ein, der vor uns uriniert hatte, ohne daß sein Bild mich jetzt störte. Vor Angst, mich zu verraten, fing ich zu zittern an. Ich stand auf, erregt, aber noch ohne Ungeduld, und indem ich Claire am Arm berührte, nach außenhin als Zeichen, daß wir zurückgehen sollten, versuchte ich mich dabei zugleich von ihr wieder abzustoßen. Claire streckte sich, bevor sie aufstand, und ich trat noch einmal dazu und half ihr in einer kurzen Pantomime auf, ohne daß ich sie dabei aber anfaßte. »Der Nacken tut mir weh, weil ich im Auto immer geradeaus geschaut habe«, sagte Claire, und daß sie jetzt einen Teil ihres Körpers erwähnte, ließ mich zusammenschrecken, als ob nun sie sich verraten hätte. Ich ging schneller, um mir nicht anmerken zu lassen, wie erregt ich war, und Claire folgte mir langsam, geblendet vom Mondlicht.

Ein Bild aus einem alten Film von John Ford, der THE IRON HORSE hieß, fiel mir ein, während ich sie hinter mir hergehen hörte: er erzählte von dem Bau der transkontinentalen Eisenbahn zwischen Missouri und Kalifornien in den Jahren 1861 bis 1869. Zwei Eisenbahngesellschaften legten die Schienen aufeinander zu, vom Westen her die »Central Pacific«, vom Osten die »Union Pacific«. Lange vor dem Bau hatte ein Mann schon davon geträumt und zog mit seinem Sohn nach Westen, um eine Passage durch die Rocky Mountains zu finden. Er trennte sich von seinem Nachbarn, der kleine Sohn umarmte zum Abschied ungeschickt die noch kleinere Tochter des Nachbarn. Der Vater kam um, aber der Sohn fand später, als Erwachsener, die Passage; und der Nachbar wurde der Direktor der »Union Pacific«. Nach langen Jahren, die einem auch im Film, wo alle Arbeiten noch einmal vorgeführt wurden, mühselig langsam vergingen, trafen endlich die beiden Bahnlinien in Promontory Point im Staate Utah zusammen, und der Direktor schlug einen goldenen Nagel in die letzte Schwelle. Darauf umarmten einander auch der Sohn des Träumers und die Tochter des Direktors zum ersten Mal, seit sie sich als Kinder voneinander getrennt hatten. Ohne daß ich es mir erklären konnte, war es mir beim Zuschauen unbehaglich geworden, ich spürte einen ziehenden Schmerz in der Brust, Schluckzwang, ein Wundsein, die Haut überall empfindlich, fast einen Schüttelfrost – aber im Augenblick, als der Nagel eingeschlagen war und die beiden einander in die Arme fielen, fühlte ich diese Umarmung auch an mir und streckte mich unendlich beruhigt in mir selber aus: so sehr hatte der Körper danach verlangt, daß die beiden wieder zusammenkämen.

Ich ließ mich von Claire einholen, und wir gingen nebeneinander zum Holiday Inn zurück. Das Kind schlafe ruhig, sagte die Hotelangestellte, und ich merkte, daß ich nun doch hungrig geworden war. Ich aß noch etwas, und Claire schaute mir zu, zurückgelehnt, die Hände im Schoß. Sie blinzelte selten, und dann so zögernd, als fielen ihr die Augen zu. Ich schaute aufmerksam zurück, und plötzlich erlebten wir noch einmal,

wie wir miteinander geschlafen hatten, und verstanden es jetzt. Ein so starkes Gefühl für Claire stellte sich ein, daß ich woanders hinschauen mußte. Jene ANDERE ZEIT, die ich in Providence bei dem kurzen Aufblitzen des Würfels erfahren hatte, erstreckte sich nun vor mir als eine andere Welt, die ich nur zu betreten brauchte, um meine angstanfällige Natur und ihre Beschränktheiten endlich loszusein. Und doch erschrak ich wieder vor diesem Schritt, als mir einfiel, wie notwendig aufgelöst und leer, ohne eigene Lebensform, ich mich in der anderen Welt bewegen würde; ich empfand heftig ein allgemeines paradiesisches Lebensgefühl, ohne Verkrampfung und Angst, in dem ich selber, wie in dem Spiel der Zypresse, gar nicht mehr vorkam, und es grauste mir so sehr vor dieser leeren Welt, daß ich in einer Schrecksekunde das ungeheure Entsetzen des Kindes nacherlebte, das an einer Stelle, wo es gerade noch etwas gesehen hatte, mit einem Mal nichts mehr sah. In diesem Augenblick verlor ich für immer die Sehnsucht, mich loszusein, und bei dem Gedanken an meine oft kindischen Ängste, an meinen Unwillen, mich mit anderen Leuten wirklich einzulassen, an meine jähen Begriffstutzigkeiten fühlte ich plötzlich einen Stolz, dem ein ganz selbstverständliches Wohlgefühl folgte. Ich wußte, daß ich mich von all diesen Beschränktheiten nie mehr loswünschen würde, und daß es von jetzt an nur darauf ankam, für sie alle eine Anordnung und eine Lebensart zu finden, die mir gerecht wäre, und in der auch andre Leute mir gerecht werden könnten. Und als ob bis jetzt alles nur Probe gewesen sei, dachte ich unwillkürlich: »Es gilt! Es wird Ernst!«
Ich spürte, daß Claire mich immer noch anschaute. »Wie arm sie dran ist!« dachte ich, aber ohne mich mit diesem Gedanken von ihr zu entfernen. Hatte mich früher oft ein Schwindel und dann ein Ekel gepackt bei der Vorstellung, daß jemand et-

was anderes war als ich selber, so ließ ich in diesen Augenblikken sich die Vorstellung zum ersten Mal ruhig zuende bilden und fühlte statt des selbstbezogenen Ekels ein tiefes Mitleid mit Claire, daß sie nicht an meiner Stelle sein konnte, daß sie nicht das erleben konnte, was ich gerade erlebte – wie langweilig mußte ihr sein, als Claire! –, und wurde dann wieder neidisch, daß es mir umgekehrt genauso erging. Aber diese Vorstellungen verselbständigten sich nicht mehr, waren nur kurze Auftritte und Abgänge in einem langen, wechselnden Verlauf, der sich um etwas ganz anderes drehte. Ich erzählte Claire, wie ich »The Iron Horse« von John Ford gesehen hatte, und wie es mir dabei ergangen war.
Sie hatte den Film einmal in dem Filmclub am College gesehen und wußte noch, wie die irischen Arbeiter beim Verlegen der Schwellen aus vollen Kehlen immer das gleiche Lied gesungen hatten. »Es war doch ein Stummfilm!« sagte sie plötzlich. Wir erinnerten uns gemeinsam, daß man von dem Lied jeweils nur die Noten über den Bildern der singenden Arbeiter gesehen hatte. Wir redeten noch viel, nicht über uns selber, erzählten nur Geschichten, und immer fielen uns noch neue Geschichten ein, keiner wollte dem andern das letzte Wort lassen, obwohl wir es kaum mehr ertrugen, nicht endlich im Zimmer zu sein. Schließlich war es Claire, die in einer Geschichte von einem Schwein und einer Kutsche, die ich gerade mit klopfendem Herzen erzählte, auf einmal so ernst wurde, daß ihr Gesicht sich sofort bis zur Unkenntlichkeit veränderte. Früher wäre mir das vielleicht als Ausbruch eines Wahnsinns vorgekommen, an diesem Abend aber erlebte ich es mit einer fast vergessenen Lust an früherer Feierlichkeit als den Augenblick einer Wahrheit, die meinen Wahnsinn, der darin bestand, daß ich fürchtete, ein andrer mir gegenüber könnte plötzlich wahnsinnig werden, für immer lächerlich machte.

Wir schliefen miteinander fast schläfrig, bewegten uns kaum, atmeten, hielten schließlich den Atem an. Mitten in der Nacht fiel mir das Kind ein, das im anderen Zimmer lag, und es erbarmte mir auf einmal so sehr, daß ich Claire sagte, wir sollten hinübergehen und das Kind anschauen. »Bei dem Gedanken, daß Benedictine allein ist«, sagte ich, »habe ich für sie das Gefühl einer jämmerlichen Einsamkeit. Nicht weil wir hier zusammen sind, sondern weil ich dieses Noch-Nicht-Bewußtsein dort drüben, wenn niemand bei ihm ist, ganz heftig nachfühle als den Zustand einer grausigen Langeweile. Es kommt mir vor, als müßte ich das Kind sofort wecken, mit ihm reden und ihm die Langeweile vertreiben. Ich spüre, wie es unter dem langweiligen Schlafen und Träumen leidet, ich möchte mich daneben hinlegen und es über seine lange Einsamkeit hinwegtrösten. Es ist so unerträglich, daß man nicht sofort, wenn man auf die Welt kommt, auch zu Bewußtsein kommen kann, und ich verstehe auf einmal die Geschichten, in denen jemand jemand andern erlösen will.« Ich erzählte Claire von dem Soldaten in Philadelphia, und wie er es nötig gehabt hätte, erlöst zu werden.
Wir gingen ins andre Zimmer hinüber, und ich schaute zu, wie das Kind im Schlaf lag. Während Claire im Bad war, weckte ich es heimlich. Es schlug die Augen auf und redete verworren im Traum. Es gähnte lange, ich starrte in seine helle Mundhöhle, die Zunge zitterte am Gaumen, es schlief wieder. Claire kam zurück, wir lagen nebeneinander; dann schlief auch sie, schnarchte leise, erschöpft von der Fahrt. Ich schaute auf die dunkel glänzende Scheibe des Fernsehapparats, der Pfeil und der fünfzackige Stern des Holiday Inn spiegelten sich verkleinert darin. Schon im Einschlafen schaute ich noch einmal auf die Armbanduhr: es war lang nach Mitternacht, und mir fiel ein, daß ich nun dreißig Jahre alt war.

Ich schlief schlecht, stach in ein zerkochtes Huhn, dessen Knochen sofort auseinanderfielen, eine dicke und eine dünne Frau standen nebeneinander, die dünne ging in die dicke über, beide zerplatzten, eine Gouvernante balancierte mit einem Kind auf einer Messerklinge in die offene Tür der Untergrundbahn, immer wieder Eilbriefe, Zeichen im Sand, die ein dummer Gärtner wie Blumen begoß, Pflanzen, die Wörter bildeten, geheime Botschaften auf Lebkuchenherzen an Kirchtagsständen, ein Gastzimmer in einem ÖSTERREICHISCHEN Gasthof mit vier Betten, von denen nur eines bezogen war. Mit erregtem Glied erwachte ich aus diesen Angstträumen, drängte mich sofort in die schlafende Claire hinein, ermattete und schlief wieder ein.

»Ist es also wohl zu verwundern, wenn die Veränderung des Orts oft so vieles beiträgt, uns dasjenige, was wir uns nicht gern als wirklich denken, wie einen Traum vergessen zu machen?«

Karl Philipp Moritz, *Anton Reiser*

2. Der lange Abschied

Am Mittag dieses Tages kamen wir in St. Louis an. In den folgenden Tagen war ich immer mit Claire und dem Kind zusammen. Wir wohnten bei den Freunden, die Claire »Ein Liebespaar« genannt hatte, und blieben fast immer in dem Haus, das in ROCK HILL lag, einem Vorort westlich von St. Louis, schon weiter im Innern des Staates Missouri. Es war ein Holzhaus, das gerade gestrichen wurde, und wir halfen dem Paar bei der Arbeit. Ich erfuhr nie, wie die beiden wirklich hießen, sie nannten sich nie anders als mit immer neuen Kosenamen. Zuerst dachte ich bei ihrem Anblick an die Schrumpfsehnsucht, von der Claire mir erzählt hatte, dann, mit dem zweiten Blick, vergaß ich wieder, was man allgemein über sie sagen konnte, und betrachtete sie nur, neugierig, was ihre Art zu leben mir sagen würde. Die Frau gab sich immer geheimnisvoll, der Mann enttäuscht und beleidigt, aber wenn man länger bei ihnen gewesen war, merkte man, daß die Frau gar kein Geheimnis hatte und daß der Mann recht vergnügt und zufrieden war. Trotzdem mußte man sich jeden Morgen wieder daran gewöhnen, daß ihre geheimniskrämerischen und enttäuschten Gesichter nichts zu bedeuten hatten. Der Mann malte Ankündigungsplakate für die neuen Filme in St. Louis, die Frau half ihm dabei, indem sie den Hintergrund malte. Er verfertigte auch Gemälde mit Darstellungen aus der Kolonisation des Westens, Landschaften mit Planwagen und

Dampfbooten, und verkaufte sie an die Warenhäuser. Ihre Zuneigung zueinander war so heftig, daß sie sich immer wieder in eine kurze Gereiztheit verwandelte. Sie spürten diese Gereiztheit schon vorher und beschwichtigten einander, aber die Beschwichtigung führte erst recht die Gereiztheit herbei. Um wieder ruhig zu werden, lösten sie sich nun nicht voneinander und hörten zu reden auf, sondern blieben, sich streichelnd und umarmend, auf engem Raum zusammen, immer gereizter und überdrüssiger, und fuhren fort, einander mit ihren Kosenamen zu beschwichtigen – auch für ihre Streitgegenstände gebrauchten sie nur Kosewörter –, bis sie sich auch wirklich allmählich entspannten und auseinander konnten. Das waren dann die einzigen Momente, in denen es für sie eine Art Freizeit voneinander gab. Ohne sich auch nur einen Tag aus den Augen zu sein, lebten sie so schon seit zehn Jahren.
Dabei wußten sie noch immer nicht, wie sie es einander recht machen sollten. Wenn einer der beiden eine Arbeit verrichtet hatte, war damit nicht gesagt, daß er beim nächsten Mal wieder dran war; aber auch nicht, daß der andre dran war. Jede Tätigkeit mußte von neuem ausgehandelt werden, und weil jedesmal beide sie verrichten wollten, brauchten sie vorher lange, bis sie sich auf einen geeinigt hatten. Sie hatten immer noch keine Rollen angenommen: wenn einem etwas gefiel, was der andere tat, ob er nun malte, kochte, etwas sagte oder sich einfach nur bewegte, so hieß das nicht, daß der andre beim nächsten Mal ähnlich malte, das gleiche kochte, etwas Ähnliches sagte oder die Bewegung zu wiederholen versuchte; er tat auch nicht das Gegenteil davon, er mußte im Umgang mit dem andern eben nur jedesmal ganz von vorn anfangen. Wenn aber einem etwas am andern mißfiel, vermied es dieser nicht gleich, sondern versuchte erst einmal zu zeigen, daß es zu seiner Art zu leben gehörte.

Sie waren so sehr miteinander beschäftigt, daß ihnen auch die kleinsten Dinge, die sich im Lauf ihres Zusammenlebens angesammelt hatten, kostbar wurden wie eigene Körperteile. Sie horteten Hausrat und Möbel, als seien es wiederum nur diese Gegenstände, unter denen sie ihrer selber auch sicher bleiben konnten. Als das Kind einmal ein Glas zerbrach, sah man, wie sie erschraken und verletzt wurden. Stumm kehrte der eine die Scherben zusammen, während der andre trostlos danebenstand. Wenn sie von Leuten erzählten, die bei ihnen gewesen waren, erzählten sie auch meist, was diese Leute angerichtet hatten: einer hatte an der Wand gelehnt und seinen Fersenabdruck hinterlassen, ein zweiter hatte an einem Handtuch die Schlaufe abgerissen, ein dritter hatte an einem noch nassen Bild seinen Fingerabdruck hinterlassen, wieder ein andrer hatte ein Buch ausgeliehen und noch immer nicht zurückgebracht. Sie zeigten dabei auf die Lücke in der Bücherwand und auf einmal merkte man, daß ihre geheimnistuerischen und beleidigten Gesichter mit ihren Gemütszuständen wirklich übereinstimmten und auch ihrer Haltung der feindlichen Außenwelt gegenüber entsprachen, und beklommen sah man zu, wie sie, wieder einmal enttäuscht, einander traurig betrachteten, als die Glasscherben in den Mülleimer fielen. Und sie tadelten einen nicht, indem sie es ihm ausdrücklich vorhielten, sondern indem sie sich besonders übertrieben vor seinen Augen nur noch miteinander beschäftigten und den andern so von sich ausschlossen. Sie waren freundlich zu jedem, nahmen immer wieder Gäste auf, in einer Wollust, von neuem enttäuscht zu werden und sich aneinanderhängen zu können. Wenn man sich einem Gegenstand näherte, warnten sie einen sofort, indem sie die Rolle beschrieben, die dieser Gegenstand in ihrem Leben gespielt hatte, oder sie kamen einem zuvor und gaben einem stillschweigend ein Beispiel,

wie man am besten mit dem Gegenstand umgehen sollte. Sie hätschelten ihre Sachen so sehr, daß sie, statt sie gemeinsam zu besitzen, jede einzelne jeweils nur einem zuschrieben. Jede Einzelheit war noch dadurch geschützt, daß sie einem von den beiden eigens gewidmet war. Das war nicht nur so bei den Serviettenringen, Monogrammen in den Handtüchern und Leintüchern, sondern auch bei jedem beliebigen Buch, jeder Schallplatte, jedem Zierkissen. Jeder Winkel im Haus war aufgeteilt und gehörte entweder nur dem einen oder nur dem andern, niemals aber beiden gemeinsam. Natürlich tauschten sie alles untereinander aus, benutzten selbstverständlich das Territorium des andern, aber gerade die Vorstellung, daß sie die dem andern gewidmeten Sachen gebrauchten, schien sie immer wieder erst recht aneinander zu binden. Mit diesen Zuschreibungen hatten sie sich eine Art Verfassung gegeben, mit der sie die Legende von El Dorado, dem von außen unzugänglichen, im Innern völlig sich selbst versorgenden Staat, täuschend nachahmen konnten.
Sie nahmen ihre täglichen Verrichtungen auch so ernst, daß sie als Feierlichkeiten verliefen. Einer wurde dann jeweils der Diener des andern. Hatte der Maler vor, wieder ein Warenhausbild zu malen, so traf die Frau alle Vorbereitungen: spannte die Leinwand, reihte die Farbtuben auf, ordnete die Pinsel, zog den Vorhang weg, indes der Mann nur mit verschränkten Armen auf und ab ging; bereitete aber die Frau ein Essen, war von dem Mann alles dazu Nötige schon in einen so kleinen Umkreis gebracht, daß sie zum Kochen nur noch ein paar majestätische Handgriffe aufwandte. Jede Hilfe bei der eigentlichen Tätigkeit dann fanden sie lästig. So ließ man mich beim Streichen des Hauses auch immer nur die Leitern aufstellen oder die Farben vermischen; etwas anderes schien sie schon wieder zu verletzen.

Ihre Art nach innen gekrümmter Zärtlichkeit wurde mir oft unheimlich. Ihr Verhalten schien mir vorzuwerfen, daß ich allein war und daß ich auch Claire allein ließ. Ich mußte dann zu Claire hinschauen, damit ich mich erinnerte, wie unvorstellbar es war, sie anders als allein zu sehen. Wir waren oft zusammen und trennten uns wieder, ohne einander fremd zu sein, aber auch ohne einander zu beanspruchen. Etwas anderes war mir nicht mehr möglich, und Claire schien auch nicht zu wissen, daß etwas anderes überhaupt möglich sei. Das Leben des Liebespaars betrachtete sie als eine Anstrengung, die sie selber nie etwas angehen würde. Sie lächelte oft, und wir fühlten uns frei, wenn wir den beiden zuschauten.
Unsere Ruhe ging in Verlangen über, das Verlangen wieder in Ruhe. Wir merkten dabei fast nicht, wie etwas geschah, wie im Traum ergab eine Bewegung die andere. Wir berührten einander kaum, küßten uns nie, streichelten uns nur, indem wir beieinander lagen und ein und aus atmeten. Die einzige Zärtlichkeit ergab sich daraus, daß ich viel redete, und daß Claire mich anhörte und ab und zu auch etwas sagte.
Ich redete auch viel mit dem Kind, fotografierte es jeden Tag und schaute dann, ob es sich schon verändert hätte. Daß man sich darüber lustig machte, war mir jetzt gleichgültig: ich zeigte auf den Fotos, wie das Kind, dadurch daß es fotografiert wurde, tatsächlich mit jedem Tag auch andere Haltungen einnahm. Außerdem glaubte ich, ich könnte mit dem Fotografieren bei dem Kind Bilder für die spätere Erinnerung hinterlassen, und stellte mir vor, auf diese Weise in den Erinnerungen des Kindes einmal vorzukommen. In der gleichen Absicht ging ich auch viel mit ihm herum, fuhr einmal mit ihm im Bus nach St. Louis hinein und stand lang am Mississippi-Ufer; der Geruch des Wassers würde dem Gedächtnis vielleicht nachhelfen.

Als ich mit dem Kind zusammen war und immer wieder nach den Namen von Sachen gefragt wurde, merkte ich auch, wie sehr ich mich bis jetzt fast nur um mich selber gekümmert hatte, denn von nicht wenigem in der Umgebung wußte ich nicht, was es war. Erst jetzt fiel mir auf, daß mir für die gewöhnlichsten Bewegungen um mich herum die Wörter fehlten. So lernte ich allmählich, statt nur hinzuschauen und es als »Aha!« zu erleben, Vorgänge auch zu Ende zu betrachten. Vor allem bei Geräuschen wußte ich selten, wie ich sie benennen sollte: manchmal halfen nicht einmal die Kürzel aus den Comic Strips, und wenn ich nur stumm blieb, wurde das Kind wieder ängstlich und fing zu schreien an. Wenn man, während es spielte, mit ihm redete, blieb es oft in sich verschlossen und reagierte nicht; und erst wenn man ein ihm neues Wort sprach, wurde es aufmerksam. Einmal wurde es am Abend kalt, aber ich konnte das Kind nicht dazu bringen, sich eine Jacke anziehen zu lassen: erst als ich sagte, es würde sonst eine *Gänsehaut* bekommen, horchte es auf und ließ sich plötzlich ruhig anziehen.

Es war eigenartig, daß Benedictine die Natur fast nicht mehr wahrnahm, sondern die künstlichen Zeichen und Gegenstände der Zivilisation schon als Natur erlebte. Sie fragte viel eher nach Fernsehantennen, Zebrastreifen und Polizeisirenen als nach Wäldern und Gräsern und schien in der Umgebung von Signalen, Leuchtschriften und Ampeln lebhafter und zugleich doch ruhiger zu werden. So nahm sie es als naturgegeben, daß es Buchstaben und Zahlen gab, und betrachtete sie als selbstverständliche Dinge, ohne sie erst als Zeichen entziffern zu müssen. Dabei merkte ich, daß auch mir langweilig wurde, wenn ich eine Zeitlang in der Landschaft nur Natur vor mir hatte und nichts darin zu lesen entdeckte.

Wenn das Kind etwas der eigentlichen Natur Nachgemachtes

sah, etwa ein Gemälde des Malers, war es ihm unwichtig, ob und wo es das Vorbild dafür gab, denn das Nachbild hatte es für immer ersetzt. Dabei erinnerte ich mich wieder, daß dagegen ich als Kind immer wissen wollte, wo die dargestellte Sache auch in Wirklichkeit lag. In unserem Haus hatte es zum Beispiel ein Ölbild mit einer Gletscherlandschaft gegeben, am unteren Rand des Bilds noch eine Almhütte, und ich war immer überzeugt gewesen, daß es diese Landschaft und diese Almhütte wirklich gebe, glaubte sogar den Platz zu kennen, wo der Maler gestanden hatte, und konnte es nicht glauben, als man mir sagte, daß das Bild ein Phantasiebild war; bei dem Gedanken, daß das Bild allein war und daß ich mir nichts dazu vorstellen konnte, war mir lange Zeit noch, als ob ich ersticken müßte. Ähnlich war es, als ich dann lesen lernte: ich konnte mir nicht vorstellen, daß etwas beschrieben wurde, was es nicht gab. Der Ort im Schullesebuch war ein bestimmter Ort, zwar nicht der eigene, aber ein Ort in der Nähe, ich wußte sogar, welcher. Und weil die ersten Bücher, die ich dann von mir aus las, immer Ich-Geschichten gewesen waren, war es schrecklich, einmal auf ein Buch zu stoßen, in dem kein Ich-Erzähler auftreten wollte. Diese Wahrnehmungsformen wirkten insgesamt so sehr auf meine anderen Erlebnisse, daß es mir jetzt im nachhinein vorkam, mit dem Schock, mit dem mir ihre Ungültigkeit bewußt wurde, hätte auch jeweils ein neuer Abschnitt meines Lebens angefangen. Daß das Kind hier sofort schon die Nachahmungen und Zeichen als etwas für sich anschaute, machte mich dann wieder fast eifersüchtig.

Im übrigen konnte sich auch der Maler nicht vorstellen, etwas zu zeichnen, das es nicht gab: in seinen Bildern mußten nicht nur die Landschaften genaue Nachahmungen wirklicher Landschaften sein, sondern auch die Menschen darin wirklich gelebt haben, und was sie auf dem Bild gerade taten, mußten sie auch wirklich einmal, und zwar zu einem bestimmten Zeitpunkt, getan haben. Deswegen malte er auch nur historische Augenblicke in einer historischen Landschaft, die erste Kutsche, die über die Mississippi-Brücke bei St. Louis fuhr, den Schuß auf Abraham Lincoln im Theater, und schmückte die Bilder höchstens ein bißchen aus; alles andere kam ihm als ein Betrug vor. »Deswegen male ich auch ungern die Schlacht am Little Big Horn«, sagte er: »Weil die Indianer dabei keinen einzigen Amerikaner überleben ließen und es keinen Augenzeugen gibt.« Mir fiel ein, daß ich bis jetzt in Amerika, auf dem Hotelvorhang in Providence, auch in andern Hotels, nie Phantasiebilder gesehen hatte, immer nur Abbilder, die meisten davon aus der amerikanischen Geschichte.

Ich fragte den Mann, ob er etwas anderes malen würde, wenn es nicht für eine bestimmte Kundschaft, sondern für ihn selber wäre. Er könne sich ein Bild für sich überhaupt nicht denken, antwortete er, und die Frau sagte: »Wir haben hier alle nur in Geschichts-Bildern zu sehen angefangen. Eine Landschaft bedeutete erst dann etwas, wenn darin einmal etwas Historisches geschehen war. Eine Mammuteiche allein war kein Bild: sie wurde erst dann eins, wenn sie für etwas andres dastand: zum Beispiel dafür, daß die Mormonen auf ihrem Zug zum Great Salt Lake darunter gelagert hatten. Zu allem, was wir von Kind auf sahen, gab es Erzählungen, und diese Erzählungen waren immer Heldensagen: so sehen wir auch die Landschaften nicht als Natur, sondern als die Taten derjenigen, die sie für Amerika in Besitz genommen haben, und jede Landschaft ist zugleich ein Aufruf, dieser Taten würdig zu werden. Wir sind dazu erzogen, die Natur jedesmal mit einem moralischen Schauer zu sehen. Unter jedem Blick auf einen Canyon könnte ein Satz aus der Verfassung der Vereinigten Staaten stehen.« – »Wir haben oft gesagt, daß wir dieses Land nicht mehr lieben dürften«, sagte der Mann. »Und trotzdem ist es uns nicht möglich, in so einem Bild keinen Appell der Verfassung zu sehen. Jeder Vogel wird zu einem Nationalvogel, jede Blume zu einem nationalen Wahrzeichen.« – »Sooft ich einen Dogwoodstrauch sehe, bin ich gegen meinen Willen ergriffen«, sagte die Frau: »Nicht weil ich in Georgia geboren wäre, sondern weil der Dogwoodstrauch die Blume des Staates Georgia ist.« Claire sagte plötzlich: »Und genauso ergriffen seid ihr von euren eigenen Sachen, nicht weil ihr sie teuer gekauft habt, sondern weil sie Symbole für euer Zusammenleben sind.« Das Liebespaar lachte und steckte auch das Kind, das dabeistand, zu einem ratlosen Mitlachen an. »In unseren Träumen werden mit der Zeit sogar unsere Haushaltsgeräte Haushaltsgeräte der Vereinigten Staaten sein«, sagte das Liebespaar. »Dann könnten wir auch endlich beide das gleiche träumen.«

Während dieses Gesprächs saßen wir auf dem obersten Deck des Dampfers MARK TWAIN und warteten darauf, daß das Schiff auf den Mississippi hinaus fuhr. Viele Touristen um uns herum, nur Amerikaner, warteten wie wir, mit Bierdosen, Coca-Cola-Bechern und Popcorn-Tüten in der Hand, fast ohne zu reden, die Augen einmal auf den Tauen, die gerade von den Molenpflöcken gelöst wurden, dann auf den zwei schwarzen hohen Kaminschloten. Langsam bewegte sich das Boot rückwärts auf den Strom hinaus, schaukelte dort ein wenig auf der Stelle, man hörte den abgesperrten Dampf durch die Sicherheitsventile zischen, tiefschwarzer Rauch trat aus den Schloten und verfinsterte sofort den Himmel. Dann stieß das Schiff ein Dampfsignal aus, das niemand von uns, nicht einmal Claire, dem Kind, das darauf sofort den Kopf zwischen unseren Beinen versteckte, zu beschreiben wußte: kein Ton, sondern das langanhaltende, wiederholte Geräusch einer riesigen Querflöte, an deren Mundloch man sich ein ganzes Volk vorstellen mußte; das Geräusch war so tierisch und brutal, andererseits, bei dem gleichzeitigen Anblick der dichten, immer heftiger nachquellenden schwarzen Rauchschwaden und des unabsehbar breiten Mississippi, so pathetisch und stolz, daß ich mir nicht anders helfen konnte, als verlegen und doch ganz körperlich ergriffen zur Seite zu schauen. So gewaltig war das Signal, daß ich, während es dröhnte, auseinanderschreckend sekundenlang einen Traum von einem Amerika empfand, von dem man mir bis jetzt nur erzählt hatte. Es war der Augenblick einer routiniert erzeugten Auferstehung, in dem alles ringsherum seine Beziehungslosigkeit verlor, in dem Leute und Landschaft, Lebendes und Totes an seinen Platz rückte und eine einzige, schmerzliche und theatralische Geschichte offenbarte. Theatralisch floß jetzt der Mississippi, theatralisch stiegen die Besucher von einem Deck auf das andre, hinauf und hinunter, während die tiefe, weittragende Stimme eines älteren Mannes durch die Lautsprecher die Geschichte der Dampfschiffe auf den großen Strömen erzählte: von dem neuen Zeitalter in Verkehr und Handel, das sie eingeleitet hatten; von den Dampferrennen, von den Negersklaven, die im Mondlicht Brennholz luden, von den Kesselexplosionen; schließlich von der Ablösung der Dampfschiffe durch die Eisenbahn. Und so überdrüssig ich sonst der Lautsprecherstimmen bei Besichtigungsfahrten war, dieser pathetischen Stimme wurde ich nicht müde zuzuhören.

In diesen Tagen spürte ich auch zum ersten Mal eine länger andauernde, nicht nur fiebrige Lebenslust. Ich saß da, wir aßen und tranken, und ich war mit mir einverstanden. Ich wurde nun aber nicht lebhaft, sondern eher faul, bewegte mich kaum, achtete nicht mehr auf mich selber, konzentrierte mich auch nicht wie früher auf die andern, alle Beobachtungen *geschahen* nur, ohne Anspannung, als Folge eines allgemeinen Lebensgefühls. Wenn die anderen tanzten, schaute ich nur zu, ganz bei ihnen, ohne daß ich mich aufgefordert fühlte, mitzutanzen. Ich konnte nicht mehr verstehen, wie ich mich einmal von anderen Lebensformen hatte erpressen lassen. Ich hatte mich nie wohl gefühlt beim Tanzen, man fing an, hörte auf, mußte warten, bis man wieder anfangen konnte. Schön war eine einzelne Bewegung, die einfach im Lauf der täglichen Begebenheiten erfolgte, eine Abschiedsgeste, die man gerade im rechten Moment und im richtigen Abstand anbrachte, eine Miene, die einem eine ausdrückliche Antwort ersparte und doch höflich und teilnehmend war, auch die gelungene Geste, mit der man das Wechselgeld des Kellners zurückwies; dabei fühlte ich mich wohl und wurde fast schwerelos, wie es den andern vielleicht beim Tanzen erging.

Ich trank viel, ohne betrunken zu werden, verwahrloste äußerlich und bewegte mich doch selbstbewußt, und wenn wir weggingen, setzten wir uns an einen langen Tisch und tafelten, und das Kind, das zwischen uns saß, einmal hier, einmal dort, mit beschmiertem Gesicht, machte das Essen erst fröhlich und vollständig. Manchmal erzählte es uns nachher in ganzen, ordentlichen Sätzen, was wir getan und erlebt hatten: »Wir waren im Restaurant, wir haben gegessen und getrunken, geredet und gelacht«, und dabei, als sie schon alle diese Vorgänge in ganzen Sätzen bezeichnete und doch nichts davon, so verschieden wir auch untereinander waren, wie wir erlebt haben konnte, erschrak ich von neuem vor Mitleid, und es war mir, als sei sie bei dem allem gar nicht dabeigewesen: was sie sagte, so sinnvoll und richtig es war, erschien doch, gerade weil sie es in solch vernünftigem Tonfall aussprach, als verwirrtes, einsames Geplapper, und ich erinnerte mich, wie ich selber lange Jahre, wenn auch verneint in Verboten, Erlebnisse nur zu bezeichnen lernte, ohne mir aber etwas wirklich Erlebbares darunter vorstellen zu dürfen, geschweige denn sie verwirklichen konnte. In dem Internatsystem, in dem ich aufgewachsen war, war man von der Außenwelt fast abgeschnitten, und doch brachte es mir, gerade durch die Vielzahl der Verbote und Verneinungen, weit mehr Erlebnismöglichkeiten bei, als ich in der Außenwelt, in einer üblichen Umgebung, hätte lernen können. So fing die Phantasie zu plappern an, bis ich fast idiotisch wurde. Und trotzdem, und bei diesem Gedanken wurde mir wieder elend, sorgten die Verbote, dadurch daß sie ein *System* bildeten, später, als mir die Erlebnisse offenstanden, dafür, daß ich *systematisch* erlebte, jedes Erlebnis einordnen konnte, auch wußte, welche mir noch fehlten, eins nicht für alle anderen nahm und auf diese Art wenigstens nicht sofort wahnsinnig wurde. Auch den Selbstmordgedanken konnte ich dadurch begegnen; ich fürchtete dafür nur um so öfter den Selbstmord anderer, die sich nicht mit meinem System helfen konnten.

Ich redete nicht mehr mit mir selber, freute mich auf den Tag, wie früher auf die Nacht; Fingernägel und Haare wuchsen mir schneller.

Aber immer noch hatte ich Angstträume, erwachte plötzlich mit einem Ruck, lag dann lange da, ohne zu merken, daß ich schon wach war. »Wie ein Posthörnchen aus der tiefsten Ferne der innersten Brust« (Der grüne Heinrich), so weckten mich noch immer die Schreckensbilder. Einmal träumte ich, daß ich den Mund offen hätte, ich wachte auf, dabei war der Mund fest geschlossen.

In St. Louis war es auch, daß ich Claire die Geschichte mit Judith erzählte. Ich hatte keine Angst mehr um sie, und so wie man bei einer Schraube, die man schon ein paarmal vergebens aufdrehen wollte, plötzlich schon im voraus ganz sicher ist, daß sie sich beim nächsten Mal sofort drehen lassen wird, so konnte ich jetzt endlich ohne Mühe zu reden anfangen. »Ich habe gefürchtet, sie totzuschlagen«, sagte ich. »Und ich fürchte es immer noch. Einmal haben wir uns auf der Straße gewürgt, und dann bin ich ins Haus gegangen und habe mir ganz automatisch die Hände gewaschen. Ein andres Mal sind wir nach längerer Zeit wieder zusammengekommen, es ergab sich anfangs auch eine alte Freundlichkeit, aber schon nach ein paar Minuten, nach ein paar Fragen, hatte ich plötzlich die Vorstellung, daß in mir eine Klosettspülung gezogen wurde, in deren Behälter sich kaum erst Wasser angesammelt hatte. Wir lebten zwar noch zusammen, aber so jämmerlich, daß zum Beispiel beim Baden am Meer sich schon jeder selber den Rücken eincremte. Am besten hielten wir es noch aus, wenn wir nebeneinander hergingen. Trotzdem ließ einer den andern kaum mehr allein, wir gingen nach einer Szene höchstens auf den Balkon, traten dann wieder zum andern ins Zimmer. Wir hatten noch immer Angst umeinander, und als ich sie einmal im Dunkeln geschlagen hatte, schaute ich kurze Zeit später nach ihr, umarmte sie und fragte sie, ob sie noch lebte.«

»Wenn ich versuche, mir zu erklären, wie alles gekommen ist, verflüchtigen sich diese Erlebnisse zu bloßen Erscheinungen und Indizien, und dann ist es, als ob ich Judith ein Unrecht tue, indem ich das schon im voraus geregelte Ursachenspiel spiele, wo jedes Erlebnis schon vorgedeutet ist und dadurch unwirklich wird. Unsere Haßgefühle waren so wirklich, daß uns, auch wenn wir es anfangs noch versuchten, diese Deutungen lächerlich und als Entwürdigung und Verhöhnung unseres Elends vorkamen. Als ich Judith einmal sagte, ihre Neigung, jede kleine Information über die Umwelt, überhaupt alles Gedruckte sogleich in religiöser Verzückung als eine allgemeingültige Weltformel für sich selber aufzunehmen und ihre ganze Lebensform nach einer solchen Information auszurichten, – ihr Luftverschmutzungstick, ihr Reformkostwahn – sei wohl daraus zu erklären, daß sie durch ihre Art der Erziehung nie richtig informiert wurde und nun jede Kleinigkeit magisch vergötze, biß ich mir am Ende der Erklärung selber auf die Lippen und ließ zu, daß Judith meine Art zu deuten ebenfalls einen Götzendienst nannte, mit dem ich von mir selber ablenken wollte. Überhaupt waren mir am Anfang, als mir Judiths Veränderungen nur ab und zu auffielen, ohne daß ich sie ernstnahm, die Erklärungen noch leicht vom Mund gegangen; ich war sogar stolz auf sie, Judith verstand sie auch, ich wunderte mich nur, daß sie sich nicht daran hielt. Dann merkte ich, wie sie die Erklärungen, nicht weil sie ihr falsch vorkamen, sondern weil es Erklärungen waren, zu hassen anfing und auch mich, wenn ich dasaß und erklärte, nicht mehr anhören wollte. ›Du bist dumm!‹ sagte Judith, und auf einmal fühlte ich mich auch wirklich als ein Dummkopf. Dieses Gefühl der Dummheit breitete sich in mir aus, ich streichelte mich damit, und es war mir sogar wohl dabei. Nun wurden wir endgültig Feinde, ich erklärte nicht mehr, schimpfte nur noch, und es war ganz selbstverständlich, daß wir es bald nicht mehr aushielten und uns auch körperlich verletzen wollten. Zwischendurch, obwohl mir die Kehle zugeschnürt war, wurde ich wieder ganz fröhlich bei dem Gedanken, daß es mir gelungen war, gemein wie die andern zu sein; denn bis jetzt hatte es mich am meisten erschreckt, wenn Leute, mit denen man gerade noch vertraut war, plötzlich gemein geworden waren. ›Wie ist das möglich!‹ sagte ich immer. Nun war ich selber so, konnte gar nicht anders, wir hatten uns beide in Monstren verwandelt.«

»Wir gingen nicht auseinander, weil keiner von beiden aufgeben wollte. Dabei war es gar nicht so wichtig, recht zu behalten, indem einer dem anderen etwas vorhielt: wichtiger war es, und darauf lauerten wir geradezu, den andern nach solchen Vorhalten sich selbst ins Unrecht setzen zu lassen. Wenn einem etwas vorgeworfen worden war, wurde danach jede seiner Bewegungen beobachtet, damit er sich selber überführen sollte. Das schlimmste war, daß wir einander nicht mehr beschuldigten, sondern wortlos für Situationen sorgten, in denen der andre sich von allein schuldig fühlte. Wir beschimpften nicht mehr, wollten den andern nur beschämen. So wuschen wir Geschirr noch einmal ab, das der andre schon abgewaschen hatte, räumten sofort hinter ihm auf, wenn er aufgestanden war, verrichteten heimlich eine Arbeit, die er sonst verrichtete, rückten einen Gegenstand an den richtigen Platz, wenn er ihn an den falschen gestellt hatte. Judith trug auf einmal schwere Sachen von Raum zu Raum, schaffte jeden Tag den Abfall weg, ohne daß ich ihr helfen durfte. ›Ich bin schon dabei‹, sagte sie. Auf diese Weise versuchten wir einander zuvorzukommen, wurden immer fleißiger, immer hektischer. Jeder suchte, was er noch tun könnte, wir ließen uns kaum mehr Ruhe, und nicht die Argumente entschieden eine Auseinandersetzung, sondern das Duell der Tätigkeiten, denen wir uns danach sofort zuwendeten. Und nicht, was man tat, war entscheidend für den Ausgang dieser Duelle, sondern die Abfolge, in der man dabei vorging. Ein falscher Rhythmus, ein überflüssiger Weg, ein Zögern vor der nächsten Tätigkeit setzten einen sofort ins Unrecht. Es gewann immer der, der für das, was er sich ausgesucht hatte, ohne Überlegen den kürzesten Weg fand. So bewegten wir uns vor Haß wie in einer Choreographie aneinander vorbei, mit immer ausgesuchterer Anmut, und wenn einmal uns beiden alles gelungen war, behandelten wir uns eine Zeitlang wieder als ebenbürtig.«

»Wie das Liebespaar hier schrieben wir nun alle Sachen ringsherum einem von uns beiden zu«, sagte ich, »aber nicht aus Zuneigung, sondern aus Feindseligkeit, und übertrugen diese Feindseligkeit auf die Sachen. Obwohl man es ohnedies wußte, sagte man zum Beispiel: ›Dein Stuhl knarrt‹, ›Deine Äpfel liegen angebissen herum‹.«

»Manchmal beschrieben wir einander, wie wir uns aufführten. Dann erschraken wir und kamen uns lächerlich vor. Wenn wir einmal getrennt waren, wurde alles sofort unwirklich. Aber wir waren schon wehrlos gegen unsere Nerven. Es half auch nichts mehr, daß wir von uns selber absehen wollten.«

»Es gab Momente einer zufälligen Versöhnung: wir mußten zufällig, dadurch daß etwas im Weg stand, nahe aneinander vorbei, und schon umarmten wir uns, ohne zu wissen, wie das gekommen war. Oder sie beugte sich zu mir, um etwas wegzuräumen, und plötzlich hatte ich sie zu mir herunter gezogen, ohne daß ich es eigentlich gewünscht hatte: dann hielten wir uns eine Zeitlang umschlungen und fühlten uns immer leerer werden; und schließlich lösten wir uns gereizt voneinander. Diese Versöhnungen geschahen so zufällig, wie bei deinem Kind zum Beispiel Wünsche entstehen: im Auto schwankte es in einer Kurve einmal ein wenig zur Seite, und daraus entstand sofort der Wunsch, sich niederzulegen. Es legte sich auch nieder, richtete sich aber gleich wieder auf, weil es ja gar nicht müde war. Ebenso hatten auch wir gar kein Bedürfnis, uns zu versöhnen.«

»Und trotzdem fühlte ich mich immer freier und glaubte das gleiche auch von ihr. Ich war erleichtert, daß wir uns nicht mehr mit den alten Vertraulichkeiten gegen andre Leute verbünden konnten, daß wir uns nicht mehr zu necken brauchten, daß wir nicht mehr mit der Geheimsprache von Ehepaaren, den nur uns selber verständlichen Anzüglichkeiten andre aus unseren Gesprächen ausschlossen. Wir redeten kaum mehr miteinander, und ich kam mir doch ganz freimütig und offen vor. Wenn wir nicht mit uns selber allein waren, sondern Rollen spielten, die von Gastgebern im Restaurant, Reisende am Flughafen, Kinobesucher, Gäste, und auch von den anderen als Verkörperungen von Rollen behandelt wurden, vertrugen wir uns wieder, weil wir uns ganz als Rollenträger erlebten, und waren fast stolz, wie selbstverständlich wir diese Rollen schon spielten. Wir hüteten uns dann freilich, uns nahe zu kommen, jeder blieb für sich, zupfte höchstens im Vorbeigehn am andern. Es zeigte sich außerdem, daß gerade nach der letzten noch denkbaren Gemeinheit, wenn wir nur noch blaß und zitternd herumstehen konnten, sich bei mir mit der Zeit immer öfter ein Zartgefühl für Judith ergab, das ich stärker fühlte als die frühere Liebe, und während ich mich dann mit etwas beschäftigte, stellte sich eine Beruhigung ein, in der sich die Verkrampfung in einen wohltuenden Schmerz auflöste.«

»So hätte ich immer weiterleben können«, sagte ich. »Es war eine wollüstig süße Entfremdung, in der ich im Haß Judith als *Ding*, in der Entkrampfung dann als *Wesen* bezeichnete. Ich glaubte, daß es Judith erging wie mir, aber dann merkte ich, daß sie nur teilnahmslos geworden war. Sie schrak auf, wenn man sie anredete. Sie spielte Spiele, die man zu mehreren spielen mußte, mit sich allein. Sie erzählte mir, daß sie sich selber befriedigte; ich sagte ihr aber nicht, daß auch ich zu onanieren angefangen hatte. Bei der Vorstellung, daß wir in verschiedenen Räumen lagen und uns vielleicht gleichzeitig selber befriedigten, wurde mir lächerlich und doch elend zumute. Aber ich konnte ihr nicht helfen, von dem Haß und der Gemeinheit war ich ausgepreßt und betäubt liegengeblieben. Ich träumte nicht einmal mehr davon, mit einer Frau zusammenzusein. Auch beim Onanieren war ich nicht fähig, mir dabei eine Frau vorzustellen: ich mußte die Augen offenlassen und ein Nacktfoto anschauen.«

»Wir kratzten nur noch manchmal aneinander. Judith wendete oft plötzlich das Gesicht ab, weinte aber nicht mehr wie früher. Ihr Geld gab sie sofort aus, kaufte alles mögliche, ein Eisbärenfell, ein Grammophon, das man noch mit der Hand aufziehen mußte, eine Flöte, die ihr nur deswegen gefiel, weil im Mundloch ein Spinnennetz war. Zum Essen kaufte sie nur Delikatessen und Spezialitäten. Oft kam sie ohne etwas zurück, weil nichts genauso aussah, wie sie es sich vorher vorgestellt hatte, und ärgerte sich über die dummen Verkäuferinnen. Ich wurde ungeduldig, und hatte doch Angst um sie. Wenn sie sich aus dem Fenster beugte, stellte ich mich hinter sie, als wollte ich auch hinausschauen. Immerzu sah ich sie stolpern und gegen Hausecken rennen. Einmal, beim Anblick eines Büchergestells, das sie vor Jahren zusammengezimmert hatte, erschrak ich richtig darüber, daß das Gestell noch ganz war und noch immer an seinem Platz stand, und in diesem Augenblick wurde mir plötzlich klar, daß ich Judith schon für verloren gehalten hatte. Ihr Gesicht wurde immer nachdenklicher, aber diese Nachdenklichkeit konnte ich nicht mehr ansehen. Jetzt weißt du, warum ich zum Beispiel hier bin.«

Gleich nach unsrer Ankunft hatte ich das Hotel in Philadelphia angerufen und meine Adresse und Telefonnummer in St. Louis angegeben. Dann, während ich von Judith sprach, vergaß ich sie allmählich und dachte gar nicht mehr daran, daß sie in der Nähe sein könnte. Alles kam mir nun abgetan vor. Eines Abends saßen wir auf der Veranda des Hauses, das Kind lag schon drinnen im Bett und redete laut mit sich selber, wir hörten zu oder redeten auch manchmal, nur leise, zueinander, das Liebespaar saß auf einem Sofa, einen Schal um die Schultern, Claire las in dem Grünen Heinrich, ich hatte in diesen Tagen keine Lust zu lesen und schaute ihr zu, als im Haus das Telefon läutete. Ich hielt den Schaukelstuhl an und wußte schon, während die Frau hineinging, daß es für mich war. Die Frau kam zur Tür her und zeigte mir stumm den Hörer. Ich war halb aufgestanden und ging auf Zehenspitzen ins Haus, als ob ich mich entschuldigen müßte. Ich meldete mich fast flüsternd, aber niemand antwortete: ich wiederholte, daß ich da sei, es fiel mir nicht ein, zu fragen, wer mit mir reden wollte. Ich hörte nichts, nur einmal das Geräusch eines sehr schnell vorbeifahrenden Lastwagens, dann ein Klingeln, bei dem ich mir sofort eine Tankstellenklingel vorstellte. Ich sagte nichts mehr, legte den Hörer leise auf die Gabel. Ich wollte von der Frau dann auch nicht wissen, wer mich verlangt hatte.

Zwei Tage später bekam ich eine Karte mit vorgedruckten Geburtstagsgrüßen: zwischen die Worte »glücklicher Geburtstag« war mit der Hand das Wort »letzter« eingefügt worden; die Schrift war der Judiths ähnlich, und trotzdem ganz fremd; allerdings hatte sie immer nur mit einer Füllfeder, nie mit einem Kugelschreiber geschrieben. Auf die Rückseite der Karte war neben die Adresse ein Polaroidfoto geklebt, die notwendig undeutliche Nahaufnahme eines Revolvers, aus dessen Trommel man eine noch nicht ganz hineingeschobene Patrone ragen sah. Erst nach und nach ging mir auf, daß die Karte eine Drohung sein sollte, und plötzlich war es völlig

klar und auch selbstverständlich, daß Judith mich umbringen wollte. Ich glaubte zwar nicht, daß sie es tun würde, aber allein daß sie die Absicht hatte, machte mich fast stolz auf mich. Ich dachte, daß mir nun wenigstens nichts andres zustoßen konnte; die Drohung erschien mir als eine Schutzformel gegen sonstige Gefahren und Unglücksfälle. »Jetzt kann mir nichts mehr passieren«, dachte ich und wechselte sogar alle meine Reiseschecks in Bargeld um.
Nun wußte ich auch, daß Judith mir gleich in dieser Absicht nachgefahren war. Wir hatten einander schon früher manchmal mit dem Tod bedroht, nicht weil wir uns tot sehen wollten, sondern weil wir uns abschaffen und vernichten wollten. Es wäre so etwas wie ein Lustmord gewesen, bei dem man das Opfer quälte und herabwürdigte, damit es endlich von selber fühlte, wie nichtig es war. Wie aber wären wir erschrocken, wenn der andere plötzlich von sich aus verlangt hätte, getötet zu werden! Daß Judith diese Karte geschrieben und auch abgeschickt hatte, war ganz angemessen, entsprach ihrer Art, sogar in der Verzweiflung Posen einzunehmen. Sie saß, das Gesicht im Profil, zurückgelehnt, den Revolver im Schoß, vor einem halb zugezogenen Vorhang in einer Hotelzimmer-Dämmerung und drehte an ihren Ringen. Ich hatte einmal im Halbtraum meinen eigenen Tod erlebt: ein paar Leute standen vor mir, stellten sich ab und zu auf die Zehenspitzen; dann fand allmählich jeder seinen Platz, alle wurden still; ein paar kamen noch dazu, blieben aber schon weiter weg stehen und wurden still; nur ganz weit im Hintergrund lief noch ein Kind heran, es zappelte nur noch, dann stand es, und ich war tot. Wie ich seit damals nie mehr an meinen eigenen Tod gedacht hatte, mich höchstens ab und zu unbehaglich fühlte, so wurde nun auch das Bild von Judith vor dem halb zugezogenen Vorhang ein Abschiedsbild, und ich wußte, daß wir von jetzt an

nicht mehr zusammengehörten. Ich träumte nicht einmal mehr von ihr, auch meine eigene Mordlust war vergessen. Manchmal glaubte ich mich beobachtet, schaute mich aber nicht um. Früher, wenn wir einander einige Zeit nicht gesehen hatten, schrieben wir vielleicht noch: »Ich bin neugierig auf Dich.« Ich war nicht mehr neugierig.

Da der Maler, wenn er die Ankündigungsplakate malte, auch Freikarten für die Filme bekam, gingen wir oft ins Kino. Ich sehnte mich meist aus den Kinos heraus und atmete draußen auf. Das Hinschauen auf bestimmte Sachen strengte mich an, der Rhythmus der Bilder zwängte mich ein und machte mir Atemschmerzen. Nur einmal, als ich mit dem Liebespaar, während Claire dem Kind das Gelände der Weltausstellung von 1904 zeigte, »Young Mr. Lincoln« von John Ford anschaute, vergaß ich mich dabei, und das Schauen wurde zugleich ein Träumen. In diesen Bildern aus der Vergangenheit, aus den Jugendjahren Abraham Lincolns, träumte ich von meiner Zukunft und träumte in den Gestalten des Films die Menschen vorweg, denen ich noch begegnen würde. Und je länger ich zuschaute, um so größer wurde die Lust, nur noch Gestalten wie denen im Film zu begegnen, mich nicht mehr aufführen zu müssen, sondern wie sie mich in vollkommener Körper- und Geistesgegenwart unter ihresgleichen zu bewegen, von ihnen mitbewegt zu werden, und doch mit einem Spielraum für mich selber, voll Ehrerbietung auch vor dem Spielraum der andern. Als Kind hatte ich alles nachahmen wollen, Gesten, Haltungen, sogar Schriftzüge, jetzt aber nahm ich mir an diesen Gestalten, die aus sich das möglichste gemacht hatten, ein Beispiel: ich wollte nicht werden wie sie, sondern wie es mir möglich war. Noch vor kurzer Zeit hätte ich vielleicht den Südstaatenakzent nachzuahmen versucht, mit dem sie sprachen, als wollten sie einander nur leise an etwas erinnern, oder das doch unnachahmlich herzliche, nie für sich bestimmte, immer selbstlos auf andre Menschen gerichtete Lächeln des noch ganz jungen Henry Fonda, der vor über dreißig Jahren den jungen Rechtsanwalt Abraham Lincoln gespielt hatte; – jetzt war ich diese affektierte Sehnsucht los, ich grüßte nur noch gleichsam zur Leinwand hinauf.

Abraham Lincoln verteidigte dort zwei Brüder, Ortsfremde, die angeklagt waren, einen Hilfssheriff ermordet zu haben. Der andere Hilfssheriff, namens J. Palmer Cass, gab an, im Mondlicht gesehen zu haben, wie der größere der Brüder den Mann erstochen hatte. Der kleinere beschuldigte sich nun, daß er es gewesen sei. Die Mutter der beiden war von einem Planwagen aus Zeugin des Kampfes gewesen, wollte aber nicht sagen, wer ihrer Söhne der Mörder war. Man hatte die beiden zu lynchen versucht, aber Lincoln verhinderte es, indem er die Betrunkenen mit leiser Stimme an sich selber erinnerte, was sie sein könnten und was sie vergessen hätten, und diese Szene, wie er dabei auf der Holztreppe vor dem Gefängnis stand, drohend einen Balken in den Armen, ließ keine Möglichkeit, sich zu verhalten, aus und dauerte so lange, bis man sah, wie nicht nur die Betrunkenen, sondern auch die Schauspieler, die die Betrunkenen spielten, Lincoln mehr und mehr zuhörten und dann, für immer verändert, aus der Szene weggingen, und man spürte ringsherum im Kino auch die Zuschauer anders atmen und aufleben. Bei der Gerichtsverhandlung wies Lincoln dann nach, daß Cass den Mörder gar nicht gesehen haben konnte, weil in der Mordnacht Neumond war. Er nannte ihn von nun an statt J. Palmer Cass nur noch John P. Cass und überführte diesen John P. Cass des Mordes an seinem Kumpanen, der von den Brüdern in dem Raufhandel nur verletzt worden war. Von dem Planwagen, auf dem die Familie weiter nach Westen zog, reichte die Mutter der Freigesprochenen Abraham Lincoln in einem Beutel das Anwaltshonorar herunter. »Nehmen Sie es, es ist alles, was ich habe!« Und Lincoln nahm es! »Thank you, Ma'm!« Dann trennte er sich von den Siedlern und ging allein einen Hügel hinauf. Einmal in dem Film war er mit einem alten Pelztierjäger ganz lange auf einem Esel, einen Zylinderhut auf dem Kopf, die Füße fast am Boden schleifend, in einer Frühlingslandschaft geritten und hatte die ganze Zeit nur die Maultrommel gespielt. »Was ist das für ein Instrument?« fragte der Pelztierjäger. »Eine Judenharfe«, antwortete Abraham Lincoln. »Seltsame Leute, mit solcher Musik«, sagte der Pelztierjäger. »Aber es klingt schön.« Der eine die Maultrommel zupfend, der andre den Kopf dazu wiegend, waren sie dann noch lange weiter durch die Landschaft geritten.

»Ich werde John Ford besuchen«, sagte ich zu Claire, als wir sie auf dem Weltausstellungsgelände abholten. »Ich werde ihn nach seiner Erinnerung an den Film fragen, und ob er manchmal noch Henry Fonda trifft, der jetzt Familienserien im Fernsehen spielt. Ich werde ihm sagen, daß dieser Film mir Amerika beigebracht hat, daß er mich Sinn für die Geschichte durch Anschauung von Menschen in der Natur gelehrt hat, daß er mich heiter gestimmt hat. Ich werde ihn bitten, mir zu erklären, wie er selber früher war und wie Amerika sich verändert hat, seit er keine Filme mehr macht.«

Wir gingen alle noch ein wenig herum, das Kind lief vor uns her, die Laternen glänzten in der tiefstehenden Sonne, als seien sie schon angezündet, ich hatte Lust, etwas wegzuwerfen, und warf ein Gummibonbon durch ein Zoogitter, Leute kamen uns entgegen, mit geröteten Augen von einer Berg- und Talfahrt, wir setzten uns mit dem Kind nun auch in einen Wagen, und während wir fuhren, sank die Sonne hinter die großen Reklameflächen, schimmerte dort noch ein wenig durch; man sah sie schließlich nur noch, wenn der Wagen oben auf die Kippe kam, beim nächsten Mal war sie in der Missouri-Ebene untergegangen.

In der Dämmerung standen wir in dem Garten vor dem Holzhaus herum, fast untätig, kaum daß wir von einem Fuß auf den anderen traten, versunken, wie einbeinig, ab und zu nahm einer einen Schluck Wein aus dem Glas, das schon in den Händen vergessen schien. Manchmal hatte man Angst, es nicht mehr halten zu können, so spürlos war alles an einem geworden! Die Vögel sangen nicht mehr, hüpften nur noch in den Gebüschen. In der Umgebung sah man ein paar Leute von ihren Autos zu ihren Haustüren gehen. Auf der Straße bewegte sich niemand, in den immer schwächeren Windstößen kräuselten sich noch ein wenig die abgefallenen Magnolienblüten, die der erste Wind nach Sonnenuntergang unter den Büschen heraus auf die Gehsteige getrieben hatte. Im Fenster eines Nachbarhauses sah man ein Farbenspiel, das jeweils nach ein paar Sekunden in eine andere Farbe umsprang: dort hatte man in dem sonst dunklen Haus schon den Farbfernseher eingeschaltet. Auch in unserem Haus war unten ein Fenster offen; im Zimmer war Licht, man sah nichts als die hellbeleuchtete Hinterwand, vor der ab und zu Claire vorbeiging, die gerade das Kind schlafen legte: einmal das nackte Kind im Arm, dann kam sie aus der andern Richtung allein, mit einer Teeflasche, dann war die Wand wieder leer, nur leichte Schatten von Claire, die sich in dem Raum irgendwo über das Kind beugte; endlich nichts als die leere Wand, die, je dunkler es rundherum wurde, um so stärker zu leuchten anfing, in einem tiefgelben, gleichmäßigen Licht, das sie nicht empfing, sondern von selber auszustrahlen schien. »Ein ähnlich gelbes

Licht gibt es nur in den Westerngemälden aus dem vergangenen Jahrhundert«, sagte der Maler, »und auch da kommt das Licht nicht von anderswo, etwa vom Himmel, sondern geht vom Boden selber aus. In den Bildern von Catlin und Remington ist der Himmel immer ganz fahl und blaß, rauchig, man sieht nie die Sonne scheinen, nur vom Boden strahlt ein unheimlich tiefes Gelb aus und leuchtet von unten in die Gesichter hinein. Das Gelb ist überhaupt die vorherrschende Farbe in diesen Bildern: die Kutschenräder, der Pulverdampf, der aus den Gewehren kommt, die Gebisse der sterbenden Pferde, die Eisenbahnschienen, alles schimmert gelb, von innen heraus; dadurch wird jeder Gegenstand hervorgehoben wie auf einem Wappen. Jetzt sieht man dieses Gelb auch überall nachgemacht: Parkplatzmuster und Straßengrenzstreifen, die Hausdächer der HOWARD-JOHNSON-Restaurantkette, die Postfächer draußen vor den Gärten, die Leibchen mit den USA-Aufdrucken.« – »Der gelbe Umrandungspfeil des HOLIDAY INN«, sagte ich. Der Maler und seine Frau zeigten mir ihre Handflächen: Die Hände der Frau, die ihm immer nur den Himmel ausmalte, waren kaum mehr zu sehen, aber die Hände des Mannes leuchteten gelb in der sonst ausgefärbten Dunkelheit. »Es ist eine Farbe, bei der man sich sofort zu erinnern anfängt«, sagte der Mann. »Und man erinnert sich, je länger man sie anschaut, immer weiter zurück, bis es auf einmal nicht weiter zurückgeht. Das ist dann ein Moment, in dem man nur noch davorsteht und träumt.« – »In the years of gold«, sagte plötzlich weiter weg die Frau. Das Licht im Zimmer ging aus, ein Nachbild blendete, wo man auch hinschaute, und Claire kam aus dem Haus, im Mund ein Stück Brot, das das Kind vom Abendessen übriggelassen hatte. Dann saßen wir wieder auf der Veranda, und das Liebespaar spielte sich alte Platten vor. Sie erinnerten einander daran,

was sie erlebt hatten, als die Platten gerade herausgekommen waren. »I Want To Hold Your Hand«: – »Damals haben wir aus den eisgekühlten Bierkrügen getrunken, in dem mexikanischen Restaurant bei Los Angeles.« – »Satisfaction«: – »Erinnerst du dich, wie damals im Sturm die Luftmatratzen über den Strand geschlittert sind?« – »Summer in The City«: – »Damals haben wir von zu Hause das letztemal Geld gekriegt!« – »Wild Thing«: – »Wie die Kobolde haben wir damals gelebt!« – »The House Of The Rising Sun«: ... Sie wurden immer aufgeregter, und Claire sagte auf einmal: »Jetzt habt ihr Hymnen für euer ganzes Leben, und nichts mehr braucht euch unangenehm zu sein. Alles, was ihr noch erleben werdet, wird im nachhinein ein Erlebnis gewesen sein.« Ich sagte, daß mir in der Erinnerung das, was ich einmal erlebt hätte, nicht verklärt würde, sondern erst richtig zustieße. »Dann wird mir ein langer Weg noch länger, eine Ohrfeige fängt doppelt zu brennen an. Ich kann mir kaum mehr vorstellen, wie ich das alles ausgehalten habe.«
»Mein Vater war ein Trinker«, sagte ich, in einem Ton, als ob ich nur »My father was a gambling man« in »The House Of The Rising Sun« abwandeln wollte: »Und wenn ich im Bett lag, hörte ich es oft im Nebenzimmer gluckern, sooft er sich etwas ins Glas goß: bei der Erinnerung möchte ich ihm sofort mit einem Dreschflegel den Kopf abschlagen, damals wünschte ich nur schnell einzuschlafen. Noch nie bin ich von einer Erinnerung im guten Sinn aufgeregt worden; nur wenn ich andere Leute sich erinnern höre, kommt es manchmal vor, daß ich mich von der eigenen Erinnerung befreit fühle und mich nach einer Vergangenheit sehne. Zum Beispiel hörte ich einmal im Vorbeigehen eine Frau sagen: ›Das war damals, als ich so viel Gemüse einweckte ...‹, und bei diesen Worten habe ich fast weinen müssen. Eine andere Frau, die ich nie richtig

anschaute, weil ich sie nie anders erlebte als mit glitschigen Wurstketten über dem Arm in ihrem Fleischergeschäft, hörte ich einmal sagen: ›Damals, als meine Kinder Keuchhusten hatten und ich mit ihnen Rundflüge machen mußte ...‹, und plötzlich beneidete ich sie um ihre Erinnerung und sehnte mich in die Zeit zurück, als ich selber Keuchhusten hatte, und wenn ich jetzt von Rundflügen lese, kommt es mir vor, daß ich etwas versäumt habe, was ich nie mehr nachholen kann. So wird mir oft gerade das, was mir ganz fremd ist, auf unheimliche Weise sympathisch.«

»Aber wenn du von dem Grünen Heinrich redest, glaubst du vielleicht doch, daß du seine Abenteuer nachholen kannst«, sagte Claire. »Du glaubst, mit einer Figur aus einer anderen Zeit diese Zeit wiederholen zu können, so gemütlich wie er nach und nach erleben und von Erlebnis zu Erlebnis immer nur klüger werden und am Schluß deiner Geschichte fertig und vollkommen sein zu können.«

»Ich weiß, daß man nicht mehr so nach und nach leben kann wie der Grüne Heinrich«, antwortete ich. »Wenn ich von ihm lese, dann ergeht es mir geradeso wie ihm selber, als er einmal, ›unter stillen Waldsäumen liegend, innig das schäferliche Vergnügen eines vergangenen Jahrhunderts‹ empfand; so empfinde auch ich bei seiner Geschichte das Vergnügen an den Vorstellungen einer anderen Zeit, in der man noch glaubte, daß aus einem nach und nach ein andrer werden müsse und daß jedem einzelnen die Welt offenstehe. Im übrigen kommt es mir seit ein paar Tagen vor, daß mir die Welt wirklich offensteht und daß ich mit jedem Blick etwas Neues erlebe. Und solange ich dieses Vergnügen eines meinetwegen vergangenen Jahrhunderts empfinde, solange möchte ich es auch ernstnehmen und überprüfen.«

»Bis dir das Geld ausgeht«, sagte Claire, und weil ich auch gerade daran dachte, zeigte ich ihr das Dollarbündel, das ich für die Reiseschecks umgetauscht hatte. Das Liebespaar lächelte nun über unser Gespräch, und wir verstummten und hörten den Platten zu, und den Geschichten, die sich die beiden, manchmal über eine Einzelheit uneins, dazu erzählten, bis die Nacht schon wieder heller wurde und der Tau fiel. Erst jetzt, als die zwei im Tau um ihre Platten fürchteten, standen wir auf und gingen schlafen.

Am Nachmittag des nächsten Tages, gerade als Claire und ich das Kind bei dem Liebespaar zurücklassen wollten, um die erste Vorstellung der deutschen Theatertruppe, »Don Carlos«, anzuschauen, bekam ich ein Eilpaket. Es war eine kleine, sorgfältig mit Bindfaden verschnürte Schachtel, die Adresse in Blockbuchstaben, wie mit der linken Hand geschrieben. Ich ging hinter das Haus, schnitt es mit einer Gartenschere auf und entfernte vorsichtig das Umhüllungspapier. Die Schachtel war nun noch mit Drähten umwickelt, die in einem roten Siegel zusammenliefen. Als ich das Siegel aufbrach, verkrampfte sich meine Hand; ich griff noch einmal nach den beiden Drähten, und die Hand verkrampfte sich wieder. Jetzt erst merkte ich, daß ich von den Drähten kleine elektrische Schläge erhielt. Ich zog mir Gummihandschuhe an, die in einer Baumgabel lagen, und streifte die Drähte von der Schachtel. Als ich sie beiseitelegen wollte, fiel mir auf, daß sie mit dem Innern der Schachtel verbunden waren. Unwillkürlich hatte ich daran gezogen, und der Deckel fiel herunter, ohne daß aber sonst etwas geschah. Ich schaute in die Schachtel und sah nichts darin als eine kleine Batterie, in die die Drähte eingeführt waren. Ich wußte, Judith war geschickt genug, etwas weit Ernsteres herzustellen, und konnte doch nicht lachen. Den winzigen Schlag, den sie mir ausgeteilt hatte, *hörte* ich plötzlich, als ein hohes, ganz leises Winseln, nach dem ich mich beinahe umdrehte. Ich trat mir selber auf den Fuß. Was war eigentlich? Worum ging es? Welches Elend? War denn nicht alles vorbei? Ich wollte jetzt nicht daran denken, wußte nur, daß ich bald abfahren mußte. Das Gras ringsherum wurde ganz hell, dunkelte jetzt wieder, wieder liefen Eidechsen in meinen Augenwinkeln, die Gegenstände um mich her zu Hieroglyphen verschlungen, ich duckte mich vor einem Insekt, dabei dröhnte nur weiter weg ein Motorrad, es raschelte unter den Gebüschen, vor Angst. Ich warf die Schachtel in den Müllschlucker und ging zu Claire zurück, die schon im Auto saß. Erst als ich nach der Autotür griff, merkte ich, daß ich noch die Gummihandschuhe anhatte. »Sind sie nicht schön gelb?« fragte ich, während ich sie schnell abstreifte. Claire war nicht neugierig. Als ich die Tür zuschlug, verkrampften sich an dem Metall noch einmal die Finger.

Das Theater war ein Bau aus der Pionierzeit. Die Räume innen täuschten durch Wandmalereien andere anschließende Räume vor, im Vestibül hob man vor Stufen das Bein, die nur gemalt waren, stellte den Fuß auf gemalte Säulensockel, wollte ein Relief betasten, dessen Erhebungen sich dann beim Anfassen zurückzogen. Der eigentliche Zuschauerraum war recht klein, aber daneben und darüber gab es viele Logen, wo man im Dunkeln hinter den Portièren schon die Operngläser blitzen sah. Mäntel und Hüte hatte man mit ins Theater genommen. Bevor die Aufführung begann, begrüßte noch vor dem Vorhang der Dekan der Universität den Dramaturgen der deutschen Schauspieltruppe, der zugleich der Reiseleiter war. An ihm war mir etwas aufgefallen, ich schaute noch einmal hin und erkannte auf den zweiten Blick einen Freund, mit dem ich früher gern geredet hatte. Den beiden folgten ein paar kostümierte Angehörige der deutschen Kolonie von St. Louis, die, zuerst im Chorgesang, dann in lebenden Bildern, vorführten, wie ihre Vorfahren nach Amerika gekommen waren und sich hier eingerichtet hatten. Vor der Auswanderung lebten diese noch in den deutschen Kleinstaaten vor 1848, waren einander bei der Arbeit und beim Vergnügen im Weg, die Gewerbeunfreiheit hinderte sie, ihre Werkzeuge zu gebrauchen; in den amerikanischen Bildern lösten sie sich dann voneinander, und zum Zeichen dafür, daß jeder den gewünschten Beruf ausüben konnte, tauschten sie ihre Werkzeuge aus. Auch zum Vergnügen hatten sie jetzt Spielraum. Im letzten lebenden Bild tanzten sie, die Männer schwenkten Bänderhüte über dem Kopf, hoben das Knie bis zur Brust hinauf, nur einer breitbeinig, die Hände in den Hüften, die Frauen im Spreizschritt auf den Zehenspitzen, den Körper verdreht, eine Hand in die Hand des Mannes hingestreckt, mit der andern leicht das Kleid geschürzt, nur die Partnerin des breitbeinigen Mannes Auge in Auge ihm gegenüber, den Kleidsaum mit beiden Händen frech vor ihm aufgehoben. Sie standen alle bewegungslos vor dem Vorhang, schwankten manchmal ein wenig, den Männern lief der Schweiß aus den Haaren, und die Frauen zitterten auf den Zehenspitzen, und dann jauchzten sie auf, mit der kreischenden amerikanischen Art des Jauchzens, und fingen wirklich zu tanzen an, schwangen die Hüte noch einmal, und unter ihnen im Orchester schnellten gleichzeitig drei Musikanten in die Höhe und spielten auch schon, zwei fiedelnd, mit dicken Adern am Hals; der dritte, in sich gekehrt, strich unterdessen gemächlich die Baßgeige. Dann ließen sich die Musiker mit dem letzten Bogenstrich auf ihre Sitze zurückfallen, die Tänzer verbeugten sich, sprangen tänzelnd und sich schiebend zur Seite, während sich schon der Vorhang in der Mitte öffnete und man den Prinzen Carlos neben einem Mönch langsam auf die Bühne kommen sah.

Nachher sagte ich zu dem Dramaturgen: »Wie alle um mich herum achtete ich zuerst darauf, ob der Vorhang auch nach beiden Seiten gleichmäßig zurückschwingen würde – so mechanisch hatten sich vorher die Tänzer bewegt. Und es war beklemmend, daß die beiden Schauspieler im Näherkommen die Füße nicht gleichzeitig aufsetzten. Sie kamen herein, als ob sie ein Niemandsland beträten, und spielten dann so ängstlich und eilig, als ob sie hier gar nicht spielen dürften. Die Bühne war nicht irgendein Spielplatz, sondern fremdes Territorium.«
»Deswegen stolperten die Schauspieler auch so oft«, sagte der Dramaturg. »Sie spürten, daß sie sich eigentlich anders bewegen mußten. Mitten in einem Gang wechselten sie oft den Schritt, weil sie glaubten, sie seien den Zuschauern schon zu lang mit dem gleichen Schritt gegangen. Dann hüpften sie, mitten im Schreiten. Oder sie versprachen sich, weil sie glaubten, jetzt sei es an der Zeit, auch einmal etwas zu singen. Sie wußten, daß man ihnen in einem andern Rhythmus zuschaute als sonst, aber sie konnten diesen Rhythmus nicht finden.«
»Sie gruppierten sich auch immer wiederum«, sagte ich, »weil die Zuschauer ihnen in den üblichen Mustern überhaupt nicht zuhörten.«
»Wir sind hier gewohnt, die historischen Einzelfiguren nur in stehenden Bildern zu sehen«, sagte Claire. »Statt sie zu spielen, stellen wir sie nach, und zwar nur in ihren öffentlich bekannten Gesten. Es käme uns lächerlich vor, sie etwas anderes tun zu sehen als ihre überlieferten Taten. Sie haben für uns keine eigene Geschichte, ihr Leben interessiert uns kaum, sie

sind nur Zeichen für das, was sie getan haben oder was zumindest zu ihrer Zeit geschehen ist. Wir erinnern uns an sie in Denkmälern und Briefmarkenbildern. In den Paraden und Aufzügen werden sie nicht von Menschen dargestellt, sondern von Puppen, die stumm sind und sich nur mechanisch bewegen. Nachgespielt kommen sie höchstens in Filmen vor, und da meist nur als Randfiguren. Die einzige Ausnahme ist Abraham Lincoln, aber seine Geschichte interessiert uns, weil es unsere mögliche eigene ist. Ihn freilich als Theaterfigur erst mühsam auftreten und abgehen zu sehen wie den König Philipp, das ist für uns unvorstellbar. Unsere historischen Figuren denken wir uns auch deswegen nicht als Helden, weil sie von uns gewählt sind und weil wir ihnen nie mit Angst und Ehrfurcht begegnen mußten. Helden sind bei uns nur diejenigen, die noch Abenteuer erlebt haben, die Menschen ›auf eigene Faust‹, die Ansiedler und Pioniere.«

»›Don Carlos‹ ist eben eine europäische Abenteuergeschichte«, sagte der Dramaturg. »Schiller beschreibt darin ja nicht die historischen Gestalten, sondern spielt sich selber, nur mit ihren Namen, in den Abenteuern, die sie so ohne Anmut und Würde erlebt haben, und beschreibt, wieviel selbst- und rollenbewußter *er* sich dabei verhalten würde. Und weil damals in Europa nur die Fürsten historische Gestalten waren und nur historische Gestalten die Möglichkeit hatten, Rollen zu spielen und Abenteuer zu erleben, gab ihnen Schiller, indem er für sie schrieb, zugleich Beispiele, wie sie sich in ihren Abenteuern verhalten müßten.«

Claires Lippen wurden ein wenig schmaler, und sie lächelte: »Für die Zuschauer hier sind die Pioniere die Helden, und Abenteuer sind deswegen für sie immer körperliche Abenteuer. Sie wollen nicht Rollen sehen, sondern Handlungen, weil sie glauben, daß ohnedies jeder bei uns eine Rolle spielen kann, und daß eine Rolle deswegen kein Abenteuer ist. Wenn sie also die Hand nur am Degenknauf sehen und dabei nur immer weiter reden hören, werden sie ungeduldig. Personen wollen sie nur angedeutet, Handlungen aber ganz ausgeführt. Daß der Schuß auf den Marquis Posa hinter der Bühne abgefeuert wird, enttäuscht sie. Wenn Don Carlos endlich den Degen zieht, möchten sie aufspringen. Ein Abenteuer! Aber weil wir auf der Bühne diese Abenteuer nicht nachmachen können, schon gar nicht die der Pioniere, und weil uns außerdem eure historischen Figuren nicht interessieren, spielen wir, gerade auf dem Theater, meistens nur uns selber nach, und dann in der Regel als Leute, die von Abenteuern nur noch träumen.«

»Aber warum, wenn in euren Stücken keine Abenteuer vorkommen, werden die Leute dann bei ›Don Carlos‹ unruhig?« fragte der Dramaturg.

Claire sagte: »Weil ihnen die Hand am Degen etwas verspricht, was im Theater nicht eintreten kann.« Sie zeigte dabei auf einen Stich an der Wand des französischen Cafés, in das sie uns nach der Vorstellung geführt hatte: der Sheriff Garrett erschoß da gerade den Banditen Billy the Kid. Beide hielten in einer großen nächtlichen Stube mit Kamin und Kommode die Pistolen aufeinander gerichtet; Billy the Kid hielt in der andern Hand noch ein Messer; aus seiner Pistole kam kein Feuerstrahl, der breite Feuerstrahl aus der Pistole des Sheriffs aber hatte ihn fast schon erreicht. Hinter dem vergitterten Fenster schien der Vollmond herein, im Mondlicht rannten zwischen den beiden Männern drei Hunde durch. Der Sheriff trug glänzende schwarze Stiefel, Billy the Kid war barfuß.

»Wo ist Judith?« fragte mich plötzlich der Dramaturg, während er eine Pille aus seiner Reiseapotheke schluckte. »Wir haben sie in Washington getroffen. Sie kam hinter die Bühne und fragte mich, ob sie in der Aufführung mitspielen könnte. Da eine Schauspielerin ohnedies nach Europa zurück will, war ich ganz froh darüber. Wir verabredeten uns in St. Louis. Hier wollten wir noch ein bißchen proben, und übermorgen, in Kansas City, sollte sie schon die Prinzessin Eboli spielen. Heute hat sie ein Telegramm geschickt, daß sie nicht kommt.«

»Wo ist das Telegramm aufgegeben?« Claire hatte das gefragt.

»Ich kenne den Ort nicht«, sagte der Dramaturg. »Er heißt Rock Hill.«

Rock Hill hieß der Vorort von St. Louis, wo ich in den letzten Tagen gewohnt hatte.

»Ich weiß nicht, wo Judith ist«, sagte ich. »Wir haben uns getrennt.«

Der Dramaturg nahm noch eine kleinere Pille, die, wie er sagte, zusammen mit der ersten eingenommen werden mußte, damit die schädlichen Nebenwirkungen der ersten Pille aufgehoben würden, und fragte, ob ich inzwischen an meinem Stück weitergeschrieben hätte.

»Es fällt mir schwer, Rollen zu schreiben«, antwortete ich. »Wenn ich jemanden charakterisiere, kommt es mir vor, als ob ich ihn damit entwürdige. Aus allem Besonderen an einer Figur wird dann ein Tick. Ich spüre, daß ich anderen nicht so gerecht werden kann wie mir selber. Wenn ich Leute auf der Bühne reden lasse, schnappen sie mir schon nach den ersten Sätzen zu und sind für immer auf einen Begriff gebracht. Deswegen werde ich vielleicht lieber Geschichten schreiben.«

»Auf welchen Begriff gebracht?«

»Vielleicht kennst du Menschen«, sagte ich, »die alles, was sie sehen, auch das Erstaunlichste, sofort auf einen Begriff brin-

gen wollen, es durch eine Formulierung bannen und damit aufhören, es zu erleben. Sie haben für alles Worte. Das, was sie sagen, ist dann meist, weil es eigentlich noch gar keine Worte dafür gab, eine Aufforderung zum Lachen, ein Witz, auch wenn sie es nicht mit dieser Absicht formuliert haben. Deswegen kommt mir in dem Stück, kaum daß jemand etwas sagt, vielleicht nur mit einer Geste, alles sofort auf den Begriff gebracht vor, und ich kann die Figuren nicht mehr weiterdenken. Ich überlege inzwischen, ob ich nicht bei jedem Auftritt jemanden mitauftreten lasse, eine Dienerfigur, die den andern sogleich die neue Umgebung ausdeutet. Es sollte eine Gegenfigur zu dem üblichen weisen Beobachter sein, der die Geschichte kommentiert und die Fäden in den Händen hält. Denn alles, auf was dieser Diener sich einen Reim macht – und er macht sich auf alles einen Reim –, stellt sich dann als falsch heraus. Was er voraussagt, trifft nie ein, alle seine Auslegungen sind unsinnig. Er tritt als deus ex machina auf, wo gar keiner gebraucht wird. Es brauchen nur zwei zufällig in verschiedene Richtungen zu schauen, und schon kommt er dazu, um sie wieder zu versöhnen.«
»Wie heißt das Stück?« fragte der Dramaturg.
»›Hans Moser und seine Welt‹«, sagte ich.
Ich erzählte Claire, Hans Moser sei ein österreichischer Schauspieler gewesen, der zwar nur Dienerrollen spielte, aber im Lauf der Begebenheiten doch jedem seinen Platz anwies. »Er spielte sehr aufmerksam, ganz ernst, weil er immer bei der Sache war, nur manchmal, wenn er etwas eingefädelt hatte, lächelte er verschmitzt. In seinen Filmen wartete man immer, daß er endlich wieder auftrat.«
Ich hatte viel geredet und bekam nun wieder einen Sinn dafür, was um mich herum vorging. Am Nebentisch lag in einem Aschenbecher die Zellophanumhüllung einer Zigarre. Die

Zigarre mußte sehr lang gewesen sein! Ich lachte. Claire schaute mich schnell an, und wir bekamen Lust, uns näher zu sein. Die Frau hinter der Theke tippte mit einem umgedrehten Kugelschreiber auf die Tasten der Kasse, und die Lade fuhr ihr in den Bauch! Der Dramaturg blickte schläfrig, mit gelben Augäpfeln, ich hätte gern den Arm um ihn gelegt, wollte ihn aber nicht erschrecken. »Das hat ihr gefallen, wie die Lade sich in sie hineindrängte«, sagte er. Ich wollte ihn schon aufmerksam machen, da merkte ich, daß er nur die Theaterfigur zitierte.

Wir tranken viel, Claire lud uns zu Roggenwhisky ein, sie trank mehr als wir andern zusammen. Auf der Straße gingen wir kreuz und quer, es fuhren kaum noch Autos, überall gab es etwas, auf das wir einander aufmerksam machten. In einer Seitenstraße sprach der Dramaturg zwei schwarze Prostituierte an. Ab und zu schaute er sich nach uns um; er stand einen Schritt vor den Frauen, redete auf sie ein, und wenn sie zurückredeten, neigte er ihnen den Kopf zu, wie jemand, der einem andern Gehör schenkt. An dieser Geste, mit der er sich, ohne näherzutreten, zu ihnen beugte und sie sein Ohr ansprechen ließ, erlebte ich auf einmal, um wieviel älter er geworden war, und wie nie vorher kam er mir liebenswert vor. Er griff mit zwei Fingern einer der beiden leicht in die Perücke, sie schlug ihn schimpfend auf die Hand, und er kam zurück und erzählte, was sie zu ihm gesagt hatte: »›Don't touch me! This is my country! Don't touch me in my country!‹« Er rieb sich schnell über die Brust, eine Geste, die ich noch nie an ihm gesehen hatte. Es war, als ob er sich vor seiner Hilflosigkeit nur noch mit dieser Geste retten könnte.

»Ich bin ganz vom Leben abgeschnitten«, sagte er später zu uns in der Bar seines Hotels. »Es kommt bei mir nur noch in Vergleichen für meine inneren Zustände vor. Ich habe schon lange keinen abgeschuppten Fisch mehr gesehen, aber als ich gestern Nacht in einem Angstzustand aufwachte, sah ich plötzlich glänzende Schuppen um mich herum. Ebenso war ich schon lange nicht mehr in der Natur, und trotzdem fühlte ich mich jetzt, als ich die Hand nach dem Glas ausstreckte, ganz leibhaftig als ein gerade getöteter Spinnenkörper, der langsam am Faden wie noch lebendig zur Erde sinkt. Alltägliche Vorgänge wie zum Beispiel Hutaufsetzen, Rolltreppenfahren oder das Austrinken eines weichen Eis nehme ich gar nicht mehr wahr, sie vergegenwärtigen mir erst später in Metaphern meine jeweilige Lage.« Er ging hinaus, kam nach einiger Zeit zurück und erzählte, daß er erbrochen hätte. Seine Lippen waren noch naß vom nachgetrunkenen Wasser. Er reihte einige verschiedenfarbige Pillen vor sich auf, die er in genau bestimmter Reihenfolge hinunterschluckte. »Zuerst kam es mir vor, als ob ich den Finger in einen Wasserhahn stecke, und es platzt die Luft drin«, sagte er. Er verbeugte sich vor Claire und bat mich, ihm zu erlauben, mit ihr zu tanzen. Ich schaute ihnen dann zu: Claire stand da, bewegte sich faul auf der Stelle, er ging schrittwechselnd vor ihr auf und ab, durch den niedrigen Raum dröhnte die düstere Musik der Creedence Clearwater Revival: »Run Through The Jungle«. Wir begleiteten ihn noch zu seinem Zimmer hinauf. »Ich fahre morgen weiter«, sagte ich. Als ich dann mit Claire vor das Hotel trat, taumelte ich zurück, so bodenlos dunkel war es draußen. Wir gingen zum Auto zurück, klammerten uns immer wieder aneinander. Es war so still, daß man nur ein geisterhaftes Getöse hörte; ich glaube, vom Mississippi her. Wir liefen auf eine Baustelle, ich setzte mich auf eine Kiste und zog Claire auf mich herunter. Ich drang sofort in sie ein, es kam mir vor, als ob es dabei knirschte. Wir hörten einander nicht mehr, es tat mir weh, und ich blutete, der Schmerz löste sich, und eine Melodie ging mir nicht mehr aus dem Kopf, immer wieder die Worte: »Peppermint-steak an sunday«.

Auf der Rückfahrt nach Rock Hill sagte ich zu Claire: »Ich fühle mich wie in einem Halbschlaf: ich bin allmählich aufgewacht, und beim Aufwachen sind die Traumbilder immer langsamer geworden; dann sind sie stehengeblieben und haben sich in schöne, stille Halbschlafbilder verwandelt. Ich fühle keine Angst mehr wie im Traum, sondern lasse mich von den Bildern beruhigen.«

Als wir ausstiegen und an einer Laterne vorbeigingen, flog der Schatten eines großen Nachtvogels lautlos über die hellbeleuchtete Straße. »Mir ist einmal im Urwald von Louisiana bei einer Bootsfahrt eine Nachteule an den Kopf geflogen«, sagte Claire. »Das war damals, als ich schwanger war.«

Am nächsten Tag brachte sie mich im Auto zum Flughafen. Sie stand mit dem Kind auf der Terrasse, während ich zu der leuchtend gelben Maschine der BRANIFF AIRLINES nach Tucson/Arizona ging, und alle drei winkten wir, bis wir einander nicht mehr sahen.

Außer Atem, in einem Hochgefühl kam ich nach einer Zwischenlandung in Denver/Colorado in Tucson an. Die Stadt liegt inmitten der Wüste, den ganzen Tag weht ein heißer Wind; über die Landepiste des Flugplatzes trieben Sandschleier, am Rand der Piste blühten gelbe und weiße Kakteen. Während ich im Flughafengebäude auf den Koffer wartete, stellte ich die Uhr um eine Stunde zurück. Dabei machte ich eine irgendwie zweideutige Geste, und wie bei etwas Verbotenem ertappt, schaute ich mich um und sah rundherum auf verschiedenen Transportbändern die Gepäckstücke ebenso langsam kreisen wie gerade die Uhrzeiger. Ich beruhigte mich und atmete wieder gleichmäßig. Was tat ich in Tucson? Der Angestellte im Reisebüro hatte mir den Ort in den Rundreiseschein eingetragen, weil er mir anzusehen glaubte, daß ich oft fror. »Dort ist es jetzt schon Sommer«, sagte er. Was tat ich im Sommer? Schon im Flugzeug hatte ich mir nicht mehr vorstellen können, auf irgend etwas hier neugierig zu sein. Alles, was man sich vorstellen konnte, hatte ich schon auf der Reise hierher in Abbildungen gesehen. Und jetzt am Flugplatzrand auf den ersten Blick die Agaven von dem Etikett der Tequilaflasche in Providence! Mir wurde heiß, als sei ich schuld daran. Oder an etwas anderem, dachte ich. Obwohl die Halle luftgekühlt war, schwitzte ich, nicht von der Vorstellung, gleich in die Hitze zu treten, sondern weil es mir nicht gelang, mir das überhaupt vorzustellen. Wieder der Denkkrampf! Die Sonne schien düster durch die getönten großen Glasscheiben herein, die Reisenden standen in einer Sonnenfinsternis. Unlustig ging ich auf und ab, schaute mich nur ab und zu nach meinem Koffer um, der sich schließlich als einziger auf dem Förderband der Braniff Airlines drehte. Ich holte mir eine Dose Bier aus einem Automaten und setzte mich damit in eine Nische, wo man ohne zu zahlen auf einer kleinen Leinwand Filme ansehen konnte. Vor der Nische gingen die Leute vorbei, ab und zu blieb einer stehen und schaute herein, mehr auf die Zuschauer als auf den Film. Außer mir saß nur ein Mexikaner drin, die Füße bei sich auf der Sitzfläche und die Knie so hoch angehoben, daß er den Kopf auf die Schulter legen mußte, um an ihnen vorbei auf die Leinwand zu sehen. An einem Knie hing der Hut mit einem breiten hellen Band, der Mexikaner hatte die Hand darauf gelegt. Der Film war ein Werbefilm einer Orangenplantage bei Tucson. Wo war die an-

dere Hand? Ich schaute wieder zu dem Mexikaner hin und merkte, daß seine Hand unbeweglich unter dem Mantel steckte, den ich neben mich gelegt hatte. Ich stand auf, betrachtete noch einen mit Orangen überhäuften Korb, von dem gerade eine herunterkollerte. Dabei hob ich den Mantel langsam auf und sah wieder in den Augenwinkeln ... die still daliegende Faust des Mexikaners; zwischen Zeigefinger und Mittelfinger, zwischen Mittelfinger und Ringfinger steckte je eine Rasierklinge. Der Mann selbst schien jetzt eingeschlafen, und ich ging auf Zehenspitzen aus der Nische heraus.
Auf dem Förderband einer anderen Fluggesellschaft kreiste ein anderes einzelnes Gepäckstück. Ich war schon daran vorbei, als es mir auffiel. Ich trat dazu: es war Judiths braune Wildledertasche. Am Griff hing ein Bündel von Gepäckabschnitten verschiedener Fluglinien. Die Tasche war mit einer Maschine der FRONTIER AIRLINES aus Kansas City gekommen. Ich ließ sie noch einmal herumkreisen, hob sie dann auf, riß an den Gepäckabschnitten, aber sie waren an Gummischnüren befestigt, die sich dabei so ausdehnten, daß ich wegstolperte. Ich stellte die Tasche zurück, sie drehte sich wieder, ich ging ihr nach, hob sie wieder auf, stellte sie zurück. Ich nahm meinen Koffer vom Förderband der Braniff Airlines, stand damit eine Zeitlang in der Halle herum. In einer Tür hinter mir wurde getuschelt, und eine Frau zog erschreckt die Luft ein. Aus einer Kehle kam ein kurzer unheimlicher Laut, dann erstickte jemand. Im Sumpfgras taumelten weiße Motten herum. Ich hörte nichts, die Ohren hingen plötzlich schwer am Kopf, wie einmal, als ich im Morgengrauen neben der Großmutter aufwachte, die gerade gestorben war. Ich schaute zur Ausgangstür, jemand seufzte oder schnaufte: ja, die beiden Türscheiben, die sich gerade vor jemand geöffnet haben mußten, schoben sich mit einem Schnaufen automa-

tisch wieder zusammen, ich atmete wieder. Draußen: ein Mann, auf dem Kopf einen Hut mit einem breiten hellen Band, den er mit der Faust festhielt, ging zu einem Auto, und der Wind war so stark, daß er ihm immer wieder die Hutkrempe umschlug. Drinnen in der Halle: eine Frau, die aus der Damentoilette kam. Sie war stark geschminkt und trug einen Hosenanzug mit scharfen Bügelfalten, neben denen man noch die früheren Bügelfalten sehen konnte! Eine Indianerin: eine Indianerin trat in die Halle, die Tür schloß sich hinter ihr, sie drehte sich nach einem Kind um, das erst jetzt von draußen heranlief. Sie deutete dem Kind, auf die Gummifläche vor der Tür zu treten. Es hüpfte darauf, aber es war zu leicht, die Tür blieb zu. Die Indianerin ging durch eine Ausgangstür wieder hinaus, kam nun mit dem Kind gemeinsam herein, so besänftigte sich allmählich alles.

An diesem ersten Tag in Tucson verließ ich nicht mehr das Hotel. Ich badete sehr lange, zog das Anziehen möglichst lang hin, brauchte das ganze Dunkelwerden zum Zuknöpfen des Hemds, zum Zuziehen der Reißverschlüsse, Verschnüren der Schuhe. In St. Louis war ich meiner selber so sehr entwöhnt worden, daß ich jetzt nichts mit mir anzufangen wußte. Mit mir allein, kam ich mir nun übrig vor. Es war lächerlich, so allein zu sein. Am liebsten hätte ich mich geschlagen, so langweilig war ich mir. Ich wünschte mir keine Gesellschaft, nur mich selber aus dem Weg. An mir auch nur leicht anzukommen, war mir sofort unangenehm, ich hielt die Arme weit von mir ab. Sobald ich in einem Sessel meine Körperwärme spürte, setzte ich mich in den nächsten. Dann stand ich nur noch, weil mir alle Sitzflächen warm von mir selber vorkamen. Es schüttelte mich, als ich daran dachte, wie ich einmal onaniert hatte. Ich ging breitbeinig herum, wollte nicht hören, wie sich die Hosenbeine aneinanderrieben. Nichts anfassen! Nichts sehen! Schlagt doch endlich an die Tür! Ein schrecklicher Gedanke, jetzt den Fernseher anzuschalten und Stimmen zu hören, Bilder zu sehen! Ich ging zum Spiegel und schnitt mir selber Gesichter. Ich wollte mir den Finger in den Hals stecken und so lang erbrechen, bis nichts mehr von mir übrig wäre. Verletzen und verstümmeln! Ich ging auf und ab, vorwärts und rückwärts. Oder ein Buch aufzuschlagen und darin irgendeinen widerlichen Satz lesen zu müssen! Aus dem Fenster schauen und es wieder mit SNACKBAR, TEXACO, ICECREAM zu tun bekommen! Verschließt alles, gießt es in Zement! Ich legte mich aufs Bett, drückte mir alle Polster auf den Kopf. Ich biß mir in den Handrücken und stieß mit den Füßen um mich.

»Die Zeit schleifte so hin.«

Dieser Satz aus einer Geschichte von Adalbert Stifter fiel mir ein. Ich setzte mich auf und nieste. Plötzlich kam es mir vor, als hätte ich dabei ein ganzes Stück Zeit übersprungen. Ich wünschte mir nun, daß mir so bald wie möglich etwas zustoßen würde.

In der Nacht träumte ich viel. Die Träume waren aber so heftig, daß ich mich dann nur noch an die Schmerzen erinnerte, mit denen ich sie geträumt hatte. Ein Indianerkellner brachte mir das Frühstück ins Zimmer. Ich zählte vor ihm das Geld, das ich noch hatte – es war weit über die Hälfte –, und überlegte, was ich damit anfangen könnte: Der Indianer blieb beim Hinausgehen stehen, als er mich zählen sah, aber ich zählte weiter. Sein Gesicht war entzündet, an der Stirn kleine schwarze Punkte. Vor einigen Tagen sei der Wind so stark gewesen, erzählte der Indianer, daß ihm von den Sandkörnern das Gesicht geblutet habe. Er wohne draußen vor der Stadt bei seinen Eltern, in der Nähe der Missionsstation San Xavier del

Bac, wo die Häuser ziemlich niedrig seien, und müsse zum Bus noch einige Straßen weit zu Fuß gehen. »Meine Eltern sind nie aus der Reservation herausgekommen«, sagte der Indianerkellner. Es fiel ihm schwer zu sprechen, Speichel lag auf seinen Zähnen. Obwohl der Swimmingpool des Hotels im Innenhof geschützt sei, müsse er doch jeden zweiten Tag vom Sand gereinigt werden, sagte er.

Zu Mittag fuhr ich mit dem Taxi zum Flugplatz, um mich zu überzeugen, daß Judiths Wildledertasche nicht mehr auf dem Förderband kreiste. Ich ging auch zur Gepäckaufbewahrung, schaute nur von weitem in die Regale, ohne etwas zu fragen. Ich fuhr in die Stadt zurück, ging dort hin und her. Ich wußte nicht, in welche Richtung ich gehen sollte, und drehte mich immer wieder um. Ich wartete bei Rot an Ampeln, aber wenn dann Grün kam, blieb ich stehen, bis die Ampel wieder rot wurde. Ebenso wartete ich an Busstationen und ließ den Bus dann weiterfahren. Ich stand in einer Telefonzelle in einem hereingewehten Sandhaufen, hatte den Hörer abgenommen und hielt sogar schon die Münze an den Schlitz. Dann wollte ich mir etwas kaufen und ging wieder weg, kaum daß ich in dem Warenhaus eine einzelne Ware sah. Allem möglichen näherte ich mich und verlor die Lust daran, sobald ich dort war. Ich wurde hungrig, aber sowie ich dann die Speisekarten vor den Restaurants sah, verging mir der Hunger. Schließlich geriet ich in ein Selbstbedienungslokal. Dort, wo man einfach durch eine offene Tür zwischen Glasperlenschnüren hineingehen konnte, sich so formlos etwas Eßbares aufs Tablett stellte, selber Besteck und Papierserviette dazulegte, fühlte ich mich jetzt am richtigen Platz. Und als ich zur Kasse kam und die Frau an der Kasse nicht mich anschaute, sondern nur der Reihe nach die Teller auf dem Tablett abzählte, war ich wieder mit allem einverstanden. Vergessen die Speisezeremonien, die schon angefangen hatten, mir ein Bedürfnis zu werden. Auch ich schaute nun nicht mehr die Frau an, sondern den Kassenzettel, den sie mir aufs Tablett gelegt hatte, und reichte ihr blind das Geld dafür hin. Dann setzte ich mich an einen Tisch und aß sorglos ein Hühnerbein mit Pommes frites und Ketchup.

SAN XAVIER DEL BAC ist die älteste spanische Missionsstation in Amerika. Sie liegt im Süden von Tucson am Rand einer Indianerreservation. Ich wußte noch immer nichts mit mir allein anzufangen und bekam zum ersten Mal Lust, etwas zu besichtigen. Im Freien war es sehr hell, die Radkappen der Autos blendeten. Ich kaufte mir eine Sonnenbrille, und als ich auf einem Aushang sah, daß man gerade die Woche des Strohhuts feierte, einen Strohhut dazu, den man gegen den Wind unterm Kinn festbinden konnte. Am Broadway von Tucson zog eine Parade zum Tag der Armee vorbei. Es war der dritte Samstag im Mai, viele Leute saßen mit ausgestreckten Beinen am Straßenrand, die Kinder leckten Eis, liefen mit kleinen amerikanischen Flaggen herum, alle trugen Leibchen mit zum Tag passenden Aufschriften: AMERICA, LOVE IT OR LEAVE IT, OPTIMIST INTERNATIONAL. Neben der Parade her gingen Mädchen mit Krinolinenröcken und verkauften Etiketten mit ähnlichen Parolen, die man sich neben die Autoschilder kleben konnte. Ein paar Veteranen aus dem Ersten Weltkrieg wurden auf einer Kutsche vorbeigeführt, die Veteranen aus dem Zweiten Weltkrieg folgten ihnen zu Fuß, darunter noch ein Indianer aus einer der Indianersturmtruppen, die damals bei der Invasion an der Atlantikküste als Vorhut verwendet worden waren. Sie wurden begleitet von Reitern, die an die Kavallerie des Bürgerkriegs erinnern sollten; es war so heiß, und ringsherum wurde so viel gejauchzt und gelacht, daß die Pferde fast unhörbar blieben. Die Reiter trugen große Fahnen, die im Wind heftig schlugen und die Pferde ab und zu ein wenig scheu machten. Dann gerieten sie auf die doppelten Straßenstreifen in der Mitte, die gerade frisch nachgezogen worden waren, und wenn die Reiter sie weglenkten, sah man immer wieder ein paar weiße Hufspuren auf dem Asphalt. Erst in einer Parallelstraße fand ich ein Taxi, das mich nach San Xavier brachte.

Dort war es nach dem Lärm vorher so still, daß man zu träumen glaubte und sich die Augen rieb. Vor jedem Schritt fast schaute ich mich um. Hinter einer Wellblechhütte würde plötzlich ein Doppelgänger hervorspringen und mich wegjagen! Ich hatte nicht das Recht, mich zu vertreten, ich hatte mich nur eingeschlichen; jetzt war er zurückgekommen, um seine Stelle wieder einzunehmen. Ich würde aus mir herauskippen und wäre nicht mehr vorhanden. Aus einem schwarzen Ofenrohr, das als Kamin benutzt wurde, wehte durch ein Hüttenfenster plötzlich Ruß heraus, ein Hund kroch auf dem Bauch um eine Hausecke. Ich war ein Schwindler, hatte mich auf dem Platz von jemand anderem eingerichtet. Wohin mit mir? Ich war überzählig; ich hatte mich in etwas hineingestohlen, stand nun ertappt da. Man konnte sich noch retten, *mit einem Sprung*. Ich blieb aber stehen, mit geballten Fäusten, tarnte mich mit dem Strohhut. Das Gefühl, der falsche zu sein, war aber so kurz, daß er mir gleich darauf als eine bloße Laune vorkam. Erst später fiel mir ein, wie sehr ich mir als Kind einen Doppelgänger, noch jemanden genau wie mich, gewünscht hatte; daß ich inzwischen vor der Vorstellung eines Doppelgängers zurückschreckte, nahm ich dann wieder als gutes Zeichen. Ich ekelte mich nur noch bei dem Bild von jemandem, der genau so sein könnte wie ich. Es wäre obszön, jemanden mit meinen Bewegungen zu sehen. Schon die Um-

risse in meinem Schatten fand ich jetzt unanständig. Kein Gedanke an einen zweiten solchen Körper, an noch so eine Fratze! Ich mußte ein paar Schritte laufen.
Andrerseits hatte ich aber auch keine Lust, jemand andern zu treffen. Es genügte mir, mich zu bewegen und in die Indianerhütten hineinzuschauen. Niemand redete mich an. Ich trat sogar in die Tür einer Hütte, und die alte Frau, die mit einem Maiskolben im Schoß, eine Pfeife im Mund, darinsaß, lächelte nur. Am Herd brannte trotz der Sonnenhitze ein offenes Feuer, im Abwaschbecken lag Blechgeschirr gestapelt, und aus dem Wasserhahn rann völlig lautlos ein Wasserstrahl darüber. Diese Anblicke halfen mir, verdrängten das doppelte Gefühl von mir selber. Als ich weiterging, sah ich hinter einer andern Tür an einem Stock einen Staubwedel hervorkommen und wieder verschwinden; am nächsten Haus sah ich im Vorbeigehen im Fenster eine blonde Perücke, die geschüttelt und wieder zurückgelegt wurde. Das alles bemerkte ich mit einer Ehrerbietung, mit der ich früher in der Kirche geweihte Gegenstände und Heiligenbilder angeschaut hatte. Als ob dieser seltsame Zustand von Frömmigkeit wieder ein Zeichen dafür sei, daß ich mich noch immer nur in den Anblick von Gegenständen, nicht aber in andre Menschen versenken könnte! Hatte sich mit mir immer noch nichts geändert? Ich stampfte auf. Kindisch! Hilflos und doch besänftigt kam ich vor der Missionsstation an.
In der Kirche nahm ich die Sonnenbrille und den Strohhut ab. Es war später Nachmittag, der Rosenkranz wurde gerade gebetet. Wenn es still war, hörte man, wie draußen der Sand gegen die Kirchentür schlug. Einige Frauen standen in einer Reihe vor den Beichtstühlen. Als ich zum Altar hinschaute, sah ich in der Erinnerung davor eine Schwalbe fliegen. Wieder versank ich in jeden Anblick. Die Religion war mir seit

langem zuwider, und trotzdem spürte ich auf einmal eine Sehnsucht, mich auf etwas beziehen zu können. Es war unerträglich, einzeln und mit sich allein zu sein. Es mußte eine Beziehung zu jemand anderem geben, die nicht nur persönlich, zufällig und einmalig war, in der man nicht durch eine immer wieder erpreßte und erlogene Liebe zueinandergehörte, sondern durch einen notwendigen, unpersönlichen Zusammenhang. Warum hatte ich zu Judith nie so bedenkenlos freundlich sein können wie jetzt beim Anblick dieser Kirchenkuppel, oder dieser Wachstropfen auf dem Steinboden? Es war scheußlich, mit einem solchen Gefühl nicht aus sich heraus zu können. So mußte man dastehen, in nichts als in Gegenstände und Vorgänge vertieft, mit einer stumpfsinnigen Frömmigkeit.

Als ich vor die Kirche trat, sprühten mir Wassertropfen von der Rasenbewässerungsanlage ins Gesicht. Ich ging zum Friedhof und setzte mich dort auf den Sockel eines großen spanischen Grabmals. Die Augen brannten mir, und ich legte das Gesicht in die Hände. Es kam mir vor, daß das Gehirn dabei vorn gegen die Stirn rutschte. In diesem Augenblick begannen die Abendglocken zu läuten, und ich schaute wieder auf. Ein weißbauchiger Vogel flog gerade aus dem Schatten der Kirche und leuchtete jetzt vor dem Himmel auf. Mit jedem Glockenschlag schienen die Türme um ein Stück zu verrücken, und dann wieder auf ihren Platz zu schwingen. Das alles hatte ich schon einmal gesehen! Verstohlen schaute ich das Bild an, mit geneigtem Kopf, und lauschte dabei zugleich einer Erinnerung. Es gab eine Erinnerung, aber wenn ich ihr nahekam, wich das Gehirn wieder davor zurück. Die Kirche, auch ich wurde mir unheimlich. Genug davon, ich ging weg.

Die Ampeln hingen an Drähten über der Straße und schaukelten so heftig, daß man nicht wußte, für welche Richtung sie Grün zeigten. An den schwarz angestrichenen, ungleich hohen Telegrafenmasten sirrten abstehende Holzsplitter. Ich ging so schnell ich konnte nach Norden in die Richtung von Tucson, band mir gegen den Sand ein Taschentuch vors Gesicht.

Ein Indianer bettelte mich an. Ich gab ihm einen Dollarschein, er ging mir nach und griff mir an die Schulter. Ich fing zu laufen an, er lief mir nach, dann blieb ich stehen, und er ging grinsend nahe an mir vorbei. Ich hielt ein Taxi an und stieg zwischen den ersten Häusern wieder aus. Es waren einstökkige Holzhäuser, in denen Mexikaner wohnten; viele mit weit vorspringendem Balkon. Einmal trappelten darauf Kinder, die mit mir oben mitrannten, so lang der Balkon reichte. Ein andres Mal klingelte es; dann fuhr fast lautlos eine Lokomotive zwischen zwei Häusern heraus und blieb quer auf der Straße stehen. Der Maschinist zog die Bremse mit dicken Handschuhen, weil das Metall in der Sonne so heiß geworden war. Wieder sah ich das Bild, als ob ich ihm zugleich lauschte. Ich hatte es schon einmal gesehen. Die Straße zu meinen Füßen würde sich plötzlich neigen, das Bild würde auf einmal tief unter mir liegen, und ich würde kopfüber hineinstürzen. Jetzt lief ein Kind an der Lokomotive vorbei und verschwand zwischen den Häusern, wie jemand aus einem anderen Traum. Ich bog ab und ging auf einer Nebenstraße weiter.

Es wurde nicht dunkel, die Luft blieb heiß wie zu Mittag. In der untergehenden Sonne fuhren weiter weg die Busse vorbei, die Schatten der Passagiere auf den staubigen Scheiben. Als ich in einer Bar Coca Cola bestellen wollte, merkte ich, daß ich noch immer das Taschentuch vor dem Gesicht hatte. Ich schüttelte unter dem Tisch den Sand aus Schuhen und

Hosenstulpen. Sogar die Platten in der Musicbox waren von Sand zerkratzt. Ich hatte eine Münze eingeworfen, drückte dann aber nichts. Auf der Straße gingen noch Leute mit schwenkenden Fahnen von der Parade nach Hause. Ich saß da, schaute nach jedem Schluck auf die Uhr. Einmal kam ein Kind herein, so blond, daß man gerührt wurde.

Ich verlor mich in den Anblick der Zitronenscheibe, die am Glasrand steckte. Dann war es auf einmal Nacht geworden. Unschlüssig trat ich auf die Straße, ging auf die andere Seite, kam wieder zurück. Zwischen den Häusern war es stockdunkel, aber wenn man den Kopf hob, sah man am Himmel den Kondensstreifen eines Düsenjägers, der noch von der Sonne bestrahlt wurde. Hinter mir fing Fett zu brutzeln an. Ein Auto fuhr langsam hinter mir her, mit einem Geräusch, wie wenn Fett zu brutzeln anfinge. Ich vergaß es aber, als mir ein paar Halbwüchsige, das blonde Kind unter ihnen, entgegentraten und mich um Geld für eine Buskarte baten. Ich blieb stehen, sie standen um mich herum und fragten, aus welchem Land ich sei. Aus Österreich, sagte ich. Sie lachten und sprachen das Wort nach, außer dem blonden Kind waren es Mexikaner, einer trug helle Turnschuhe mit nachgeahmten Sporen. Er streichelte mich an der Wange, ich trat einen Schritt zurück und stieß an einen andern, der sich schon hinter mich gestellt hatte. Ich griff in die Tasche nach einer Münze, die Hand wurde festgehalten, und ich sah ein Messer an meinem Bauch. Es hatte eine kurze Klinge, ragte kaum aus der Faust heraus. Das blonde Kind stand etwas abseits, sprang von einem Fuß auf den andern, schlug dabei mit kreisenden Fäusten in meine Richtung. Einer der Mexikaner stellte ihm ein Bein, und es fiel auf die Knie. Ich grinste verlegen. Auf der anderen Straßenseite gingen Soldaten, aber ich schämte mich zu schreien. Der Hut wurde mir vom Kopf geschlagen. Mit schnellen Bewegungen stülpten ein paar Hände meine Taschen nach außen, ohne dabei mich selber zu berühren, das blonde Kind kroch auf dem Boden herum und sammelte auf, was herunterfiel. Ich bekam noch einen Klaps, dann liefen sie alle zu dem Auto hinter mir, dessen Türen schon offenstanden. Sie sprangen hinein, das Auto fuhr an, die Türen wurden eine nach der andern zugeschlagen, HERTZ las ich noch an einer. Ich hatte Judith am Steuer gesehen, ihr Gesicht war blaß, die Augen auf das Lenkrad konzentriert, ein Streichholz hing an der offenen Lippe, das herunterfiel, als der Wagen angefahren war.

Ich ging ein paar Schritte kreuz und quer. Lächerlich! Überall hing mir das Futter aus den Taschen. Ich stopfte es zurück, zog es wieder heraus, als sollte das etwas beweisen. Auch die Innentaschen waren nach außen gestülpt, ich merkte es erst jetzt. Ich schaute an mir herunter: das weiße Futter der Stecktuchtasche wölbte sich mir entgegen. Die Zugfahrkarte von New York nach Philadelphia lag auf dem Gehsteig. »*Ein hölzerner Gehsteig!*« dachte ich. Dann sagte ich es laut. Ich setzte mir den Hut wieder auf, schob das Futter in die Taschen und entfernte mich; ENTFERNTE MICH.

Ich fand den Weg zum Hotel nicht mehr. Dann fiel mir ein, daß ich Geldscheine oft in die Hemdtasche steckte: dort war auch ein Zehndollarschein, und ich fuhr im Taxi zum Hotel. Ich mußte lachen, als das Zimmer auch wirklich verschlossen war, keine Kratzspuren diesmal am Schloß. Ich legte mich aufs Bett. Endlich! Allmählich fühlte ich mich geschmeichelt. Gut, daß ich den Flugschein im Mantel gelassen hatte; auch Geld fand sich dazwischen, im ganzen über hundert Dollar; es war Wechselgeld, ich hatte überall mit großen Scheinen bezahlt, mit möglichst nur einem Griff in die Tasche; jetzt lohnte sich diese Großspurigkeit. Ich wurde immer lebendiger, sprang auf und suchte in allen meinen Sachen nach Geld. In den Hemden knisterte es, wo ich hingriff, sogar in einer Hosenstulpe steckte eine Vierteldollarmünze. Ich häufte das Geld auf den Tisch und versenkte mich in den Anblick wie am Nachmittag in den lautlos rinnenden Wasserstrahl. In der Luftkühlung bewegte sich der Vorhang leicht vor dem Fenster hin und her. Es gab auch eine Zentralheizung! Mit fünf Gliedern! Sie standen schräg zueinander! Erst auf den zweiten Blick merkte ich, daß ich die Perspektive vergessen hatte.

Ich rief meine Mutter in Österreich an. Dort war es schon der frühe Morgen des nächsten Tages. Sie sagte, daß es gerade geblitzt und gedonnert habe. Ein Gewitter am frühen Morgen! Sie sei schon draußen gewesen und habe die Wäsche abgenommen. Sie gehe jetzt viel herum und vergesse dabei ganz auf die Zeit. Bei der Bundespräsidentenwahl sei der sozialdemokratische Kandidat wiedergewählt worden, der Gegenkandidat hatte auf einer Wahlversammlung die Unterstellung zurückgewiesen, er sei Nationalsozialist oder gar Jude. Es kam mir vor, als ob die Mutter Witze erzählte. Ich fragte sie nach der Adresse meines Bruders, der seit einigen Jahren als Holzarbeiter im Norden des Staates Oregon lebte. Warum? »Ich muß hin«, sagte ich. Ich schrieb die Adresse auf: der Ort hieß Estacada. Ich würde meinen Flugschein ändern und morgen dort hinfliegen.

Ich ging hinunter und saß noch im Innenhof des Hotels neben einer Palme am Swimmingpool. Es war jetzt windstill, der Barmann hinter mir schüttelte ab und zu ein Getränk zusammen, die Coca Cola- und Ginger Ale-Automaten rund um den Swimmingpool brummten manchmal, und die Dosen darin schepperten, wenn der Kühlmotor sich wieder ausschaltete. Das Wasser war leer, vom Boden mit Scheinwerfern beleuchtet, es schaukelte leise, wie in einem Nachwehen des abgeflauten Windes. Über dem Innenhof die Sterne; sie flimmerten so hell, daß man zwinkern mußte; und die Luft war so klar, daß man nicht nur die beleuchtete Mondsichel sah, sondern auch den dunklen Teil des Mondes erkannte. Es fiel mir auf, daß ich bis jetzt in Amerika kaum jemanden gesehen hatte, der in etwas versunken gewesen war. Es genügte, etwas wahrzunehmen, dann schaute man wieder woandershin. Wer etwas länger anschaute, nahm auch gleich die Pose eines Wissenden ein. Auch die Ansiedlungen waren nie in die Landschaft versunken, sondern standen immer oben draufgebaut, hoben sich von der Umgebung ab, schienen nur durch einen Zufall errichtet. Nur Betrunkene und Rauschgiftsüchtige, Arbeitslose, starrten in dieser Gegend vor sich hin, völlig spürlos. War ich betrunken? Ich schob ein Glas so nah an den Tischrand, bis es endlich von selber über die abgerundete Kante in den Swimmingpool fiel.

Man hörte draußen auf der Straße, wenn die Ampeln umgeschaltet wurden, nur noch wenige Autos anfahren. Ein Mann hinter mir an der Bar sprach zu seinem Mädchen immer in sein leeres Glas hinein und rieb ab und zu die Zähne am Glasrand. Ich hielt es nicht mehr aus, entfernte mich wieder.

Im Zimmer las ich dann den Grünen Heinrich zuende. An einer kleinen Gipsfigur, die er nicht nachzeichnen konnte, merkte er, daß er sich bis jetzt nie richtig mit Menschen beschäftigt hatte. Er reiste nach Hause zu seiner Mutter, die ihn bis jetzt unterstützt hatte, und fand sie mit zitternden Wangen im Sterben liegen. Danach blieb er viele Jahre wie totgekocht, mürrisch und überdrüssig. Erst als aus Amerika die Frau zurückkehrte, die ihn geliebt hatte, weil sie ihn um seine Gedanken beneidete, fing er an, wieder aufzuleben. Nun wurde seine Geschichte ein Märchen, und als ich an die Stelle kam: »Fröhlich und zufrieden aßen wir zusammen im Her-

renstübchen des Gasthauses zum goldenen Stern«, mußte ich wegschauen, um nicht zu weinen. Dann weinte ich doch, ziemlich hysterisch, aber ich vergaß die Zeit dabei.
Ich lag im Dunkeln, und auf einmal, schon halb im Schlaf, wurde ich traurig darüber, daß mir das Geld geraubt worden war. Es tat mir nicht leid, es war nur ein körperlicher, vernunftloser Schmerz, den ich mir durch nichts ausreden konnte: etwas war mir ausgerissen worden; eine leere Stelle, die erst wieder zuwachsen mußte. Ich wollte nichts mehr denken. Im Traum fiel jemand in eine riesige Schüssel, in der gerade Tomaten gewaschen wurden. Er verschwand unter den Tomaten, und ich schaute auf die Schüssel, die im übrigen auf einer Bühne stand, wann er wieder auftauchen würde. »Wenn ich jetzt noch etwas erlebe, gehe ich über«, sagte ich träumend laut zu mir selber.

In Oregon am nächsten Mittag regnete es. Obwohl es nicht erlaubt war, stand ich am Ausgang des Flughafens von Portland, den Strohhut auf dem Kopf, und versuchte, ein Auto aufzuhalten, das nach Estacada hinauffuhr. Mit einer Maschine der WESTERN AIRLINES war ich über Salt Lake City hierhergekommen, immer wieder mit dem Gefühl, ein Doppelgänger von jemand anderm zu sein und mich im Leeren zu bewegen. Ich hatte einmal gelesen, daß Erschreckte im nachhinein sinnlose Kaubewegungen machten: auf eine solche Weise, so schien es mir, war auch ich hierher nach Oregon gekommen.
Ein Gemüsewagen, der Salat aus Kalifornien in die Berge brachte, nahm mich schließlich mit nach Estacada. Nur auf der Seite des Fahrers war ein Scheibenwischer, so daß ich kaum hinaussehen konnte. Es war mir auch recht so, der Kopf tat mir weh. Manchmal vergaß ich den Schmerz, dann beim

Einatmen merkte ich ihn wieder. Der Fahrer hatte ein kariertes Hemd an, darunter ein zugeknöpftes Unterhemd. Die ganze Zeit mußte ihm eine Melodie durch den Kopf gehen, denn immer wieder setzte er sich zurecht und trommelte mit den Fingern aufs Lenkrad. Er blieb dabei aber still, pfiff nur einmal, als wir höher kamen und der Regen langsam in Schnee überging. Der Schnee rutschte vom Fenster, dann blieb er daran hängen.

ESTACADA liegt über tausend Meter hoch, mit etwa fünfzehnhundert Menschen, die meist von der Holzarbeit leben. Ich merkte, daß ich sofort nach Schildern für Notfälle, Erste Hilfe, Feuer, Polizei schaute. Am Eingang des Ortes, in dem sich nur zwei kleine Provinzstraßen kreuzen, nahm ich mir in dem Motor Inn, auf das der Fahrer gedeutet hatte, für eine Nacht ein Zimmer. Es kostete fünf Dollar. Ich schlief bis zum Abend, dann ließ ich mich einfach vom Bett fallen. Als es mir am Boden zu kalt wurde, zog ich den Mantel an und ging vor dem angeschalteten Fernseher auf und ab. Die Bilder waren verschwommen, weil Estacada zwischen den Bergen liegt. Ich fragte im Anmelderaum nach dem Weg zu den Quartieren für die Holzarbeiter ohne Familie. Man mußte durch hohen Schnee gehen, weil so spät im Jahr keine Schneepflüge mehr fuhren. Es gab kaum noch Bäume im Ort, nur hier und dort hatte man symbolisch eine Tanne stehengelassen, die einen erschreckte, sooft der Schnee herabrutschte und die Äste wegschnellten. Eine Gruppe von Tannen stand um das Pionierdenkmal, im Vorbeigehen hörte ich dahinter ein Liebespaar flüstern. Zugezogene Vorhänge überall, Dunst trieb aus den Ventilatoren der Snackbars und aus den Kanalgittern, um die herum der Schnee schon geschmolzen war. Der offene Drugstore: jemand mit verbundenem Daumen trank darin Kaffee.

Die Glühbirne über dem Eingang zu Gregors Baracke war ausgebrannt, vielleicht durch einen Kurzschluß, als der geschmolzene Schnee hineintropfte. Ich trampelte die Schneeklumpen von den Schuhen, aber niemand kam heraus. Die Tür war nicht abgesperrt, ich trat ein, es war fast dunkel, nur eine Straßenlaterne schien in den Raum. Ich bückte mich nach einem Papier am Boden, das ich für eine Nachricht hielt, schaltete dabei das Licht an. Es war das Telegramm der WESTERN UNION, das ich unterwegs an meinen Bruder geschickt hatte.
Auf dem Tisch ein Kartenspiel, bunte doppeldeutsche Karten, daneben ein kleiner Wecker, der wie vom Klingeln umgefallen war. Über dem einen Stuhl zwei lange, lehmverkrustete Schuhbänder, über dem zweiten die Hose eines Schlafanzugs, den Gregor einmal von mir übernommen hatte; darauf ein Taschentuch, mit der eingestickten Ziffer 248, meiner Wäschenummer vom Internat; das Taschentuch mußte über fünfzehn Jahre alt sein.
Der Schrank war offen; zwischen einem Haken an der Innenseite der Tür und dem Ofenrohr war ein Strick gespannt, Unterhosen und Socken darübergeworfen. Ich griff nach den Sachen, sie waren trocken, fühlten sich hart an. Auf dem kalten Ofen stand eine Untertasse, mit einem Klumpen ranziger Butter, ein Daumeneindruck darin. Im Schrank: ein paar leere Kleiderbügel aus Draht, wie man sie in Wäschereien bekommt, darüber gewaschene, aber ungebügelte Hemden, an den Nähten unter den Achseln zerrissen.
Das Bett abgedeckt, graue Flecken erschlagener Motten auf dem Leintuch, eine Motte noch zwischen zwei Falten; unter dem Bett leere Bierdosen.
Auf dem Fensterbrett ein Waschmittel; daneben Spuren von Katzenpfoten.
An der Wand ein Kalender aus Österreich, mit dem Farbfoto

eines Narzissenfelds, davor eine Frau mit einem Trachtenhut; unter dem Foto ein Aufdruck der Gemischtwarenhandlung des Heimatortes.

Das Foto am Kalender –

Als Kinder hatten wir so wenig erlebt, und es gab so wenig zu sehen, daß wir uns jedesmal sogar auf das Foto am neuen Kalender freuten. Im Herbst warteten wir gierig auf den Versicherungsagenten, der die jährliche Prämie kassierte, dafür aber schon den Kalender der Versicherungsgesellschaft für das nächste Jahr brachte, mit einem anderen Bild darauf.

Und jetzt noch ließ sich der Bruder den neuen Kalender mit dem neuen Bild nach Amerika schicken?

Der Gedanke war so unerträglich, daß er sofort von einem Gefühl verdrängt wurde, bei dem mir dann leichter war. Ich legte das Telegramm auf den Tisch, griff dabei sogar behutsam mit der andern Hand nach, um nichts zu zerbrechen.

Beim Hinausgehen sah ich noch neben einer Waschschüssel niedrige Halbschuhe mit Zwirnsocken, die fast schon in die Schuhe hineingeschrumpft waren. »Verhungert«, sagte man dazu. Es waren sehr spitze Schuhe, nach der Mode vor zehn Jahren. Kinder liefen mit Luftballonen an einer Schlachtstätte herum, ein Kind wurde von einem Fleischergesellen über ein totes Schwein gehoben. Ich ging, ab und zu im Schnee ausrutschend, ohne mich umzuschauen die Hauptstraße von Estacada hinauf.

Es war so still, daß ich immer öfter stehenblieb. Von den Leuchtschriften PIZZERIA und GASOLINE dampfte es. Weit weg über dem Ort sah man die Leinwand eines Autokinos, nur Licht und Schatten darauf, kein Ton war zu hören. Ich trat in eine Spielhalle, hatte dann aber überhaupt keine Lust mehr zu spielen. Trotzdem ging ich von einem Automaten zum andern, ließ unaufmerksam die Kugeln durchrollen.

Es fiel mir auf, daß mir jede Art von Spiel lästig geworden war, und es war unmöglich, sich vorzustellen, jemals noch an einem solchen Apparat zu stehen, oder Karten zu mischen, oder Würfel zu werfen. Plötzlich war es vorbei damit. Müde setzte ich mich auf einen Hocker neben einen Betrunkenen, der an die Wand gelehnt schlief. Er schwitzte übers ganze Gesicht, sein Hemd stand offen, in der Schlüsselbeinhöhle hatte sich Schweiß angesammelt und lief manchmal über. Er öffnete die Augen, mußte erst zwinkern, bis die Pupillen sich einstellten, skalpierte Hasenhaut, ich ging hinaus.
Im Motel wollte ich mir sofort im Bad die Hände waschen. Als ich nach dem Warmwasserhahn griff, merkte ich, daß er heiß war. War daraus gerade noch Wasser gelaufen? Ich trat zurück und drehte den Hahn auf. Zuerst kam Luft heraus, dann auf einmal spritzte in einem Ruck eine kochende Flüssigkeit ins Becken, einige Tropfen sprühten mir auf die Hose, fraßen sofort kleine Löcher mit schwarzen Rändern heraus. Gut so! Ich nickte wie zustimmend. Ich sah, daß das Gewinde beider Wasserhähne zerkratzt war, und drehte auch den Kaltwasserhahn vorsichtig auf, sprang zurück und ließ die Säure herausfließen. Während ich mir dann die Hände wusch, merkte ich, daß von den Trinkgläsern die Zellophanhülle weggerissen worden war, als Einladung, sich doch zu bedienen. Ich starrte sie an: Gegenstände aus einer anderen Welt, von einem anderen Stern.
In der Nacht ließ ich die Tür zu meinem Zimmer offen. Einmal glaubte ich, vor dem Fenster jemanden gehen zu hören. Es war aber nur ein Nachtfalter, der sich zwischen Fensterscheibe und Vorhang verfangen hatte. Zum ersten Mal seit langem träumte ich überhaupt nichts mehr.

Ich erwachte wie in einem fremden Element. Früh am Vormittag ging ich zu der Sägemühle, wo mein Bruder arbeitete. Die Luft war dunstig, unter den Kanalgittern gurgelte es vom geschmolzenen Schnee, ich bewegte mich in dem fremden Element wie in den Gedanken von jemand anderem. Ich mußte wieder laufen, konnte nicht mehr gehen. Wie sonst nach Worten suchte ich nach einem Bild, das mich zu mir selber bringen würde. Verkohlte Baumstrünke, zum Teil schon kahlgeholzte Bergrücken, ausgebrannte Abfallkörbe, Stroh knisterte woanders auf einem Acker in der Mittagshitze. Ich wollte mir nichts mehr vorstellen, was mich selber betraf, aber dann hörte ich mich plötzlich als Bauchredner; der Bauch übernahm meine Rolle und sagte mir vor, was ich nicht wahrhaben wollte. Ein Mädchen mit einer Milchflasche kam mir entgegen; es war so mager, daß ich mit dem Erstaunen darüber sofort wieder gefaßt wurde.

Die Sägemühle lag in einer Senke, durch die der Fluß Clackamas fließt. Unter den Männern, die neben einer dröhnenden Holztrockenanlage eine dicke Tanne entrindeten, erkannte ich den Bruder schon von weitem. Er stand auf dem Baum und schob gerade eine Eisenstange zwischen Rinde und Stamm. Ich war auf einer Anhöhe stehengeblieben und schaute von dort zu ihm hinunter. Er trug Handschuhe und eine Wollmütze. Er drückte gegen die Stange, rutschte mit dem hinteren Bein manchmal von dem schon entschälten Baumstamm ab. Ein zweiter Arbeiter hatte ebenfalls eine Stange hinter die Rinde gesteckt und zog von der anderen Seite, bis sich die Rinde in langen Fasern vom Baumstamm löste. Sie hieben die Fasern mit Äxten durch und warfen die Rinde auf einen Haufen.

Gregor ging jetzt zur Seite. Ich glaubte, er hätte mich gesehen, und trat einen Schritt vor. Er blieb bei einem Gebüsch stehen und schaute sich um, ohne aber den Kopf zu heben. Neben dem Gebüsch lag noch Schnee. Er ließ die Hose herunter und hockte sich nieder. Ich schaute zu, wie aus seinem nackten Gesäß der Kot herauskam und langsam in den Schnee fiel. Er blieb noch hocken, auch als er lange schon fertig war. Dann zog er im Aufstehen gleichzeitig Unterhose und Hose hinauf und ging, sich in die Hände schlagend, zum Baumstamm zurück. Als wäre ich nur hergekommen, um das zu sehen, drehte ich um und lief, bis ich wieder beim Motel war. Dort lag nun die Nachricht für mich: es war eine Ansichtskarte mit einer Luftaufnahme des Ortes TWIN ROCKS am Pazifischen Ozean, über hundert Kilometer westlich von Estacada. In einem weiten Bogen sah man die Küstenstraße daran vorbeiführen, aus dem Meer ragten zwei schwarze Klippen, um die das Wasser schäumte. Trotz der großen Höhe waren die Linien auf der Straße klar zu erkennen. An einer Stelle, wo sich die Straße ausbuchtete, wie zu einem Aussichtsplatz auf das Meer oder auch nur zu einer Bushaltestelle, war mit einer Füllfeder ein Kreis gezeichnet, so heftig, daß man ihn auf der anderen Seite der Karte durchgedrückt fand. »Inzwischen hat sie sich also wieder eine Füllfeder angeschafft«, sagte ich zu der Empfangsdame des Motels, die gerade beim Sortieren der Münzen war, mit denen ich die Rechnung bezahlte. Sie schaute auf und mußte noch einmal zu zählen anfangen. Sie zählte nur mit einer Hand, die andre Hand spreizte sie von sich und ließ den Nagellack trocknen; zwischen ihren Halsrüschen sah ich eine lange rote Narbe, die ich gerade noch als verschwitztes Make-up gesehen hatte. Ich wollte sie nicht noch einmal durcheinanderbringen und fragte nicht, wie sie zu der Karte gekommen war.

Mit meinem letzten Geld fuhr ich im Taxi durch den Staat Oregon. Es war ein dunkler Tag, wie geschaffen fürs Unterwegssein, nur im Regen hellte es sich ab und zu auf. Ich hatte die Kamera auf den Knien, es gab viel zu sehen, hinauf und hinab, links, rechts, aber ich war zu traurig zum Fotografieren.

Ab und zu schlief ich ein; wenn ich aufwachte, streckte sich eine Flußebene aus, wo ich gerade noch einen kahlen Felskegel gesehen hatte, und beim nächsten Aufwachen fuhren wir schon wieder durch finstere Nadelwälder, und ich mußte mich aus dem Fenster beugen, um etwas vom Himmel zu sehen. »Nicht das Fenster aufmachen, die Klimaanlage funktioniert sonst nicht!« sagte der Taxifahrer. Das Wachsein bei geschlossenen Augen hielt ich nicht aus, weil dabei alles, was ich mit dem letzten Blick noch aufgenommen hatte, sofort näherrückte und mir den Atem nahm; erst wenn ich die Augen öffnete, wich es an seine Stelle zurück. Wieder einmal ging ein Schauer nieder, die Scheiben wurden undurchsichtig, ich mußte geschlafen haben, denn im nächsten Augenblick waren die Scheiben rein und trocken, die Sonne schien schwach, vor dem Fenster ragte eine riesenhafte graue Felswand empor. Ich richtete mich auf, schüttelte mich, die Felswand breitete sich aus, bis an den Horizont, es war der Stille Ozean. Der Fahrer stellte das Radio an; es rauschte nur. Nach einigen Minuten hielten wir in Twin Rocks, wo die Möwen auf dem Dach der einzigen Tankstelle saßen. Hinaus! »In dem Ort wohnen nicht viel mehr als hundert Leute.« Aber auch solche Sätze halfen jetzt nicht mehr. Ich wollte den Koffer abstellen, dann trug ich ihn doch immer weiter. Der Himmel war hier sehr hell; wenn die Sonne durch die Wolken kam, schimmerte der Belag an den Autoschildern. Einmal stand ich da, ohne den Koffer abzusetzen, dann sah ich in einem Fenster ein Kind, das mich beobachtete und traumverloren meine Miene nachahmte. Ich ging weg; viele Schwalben flogen herum, so schnell, daß man sie fast nur als Bewegungen sah, wie Fledermäuse in der Dämmerung.

»Sitzen auf der Hobelbank,
warten bis die Mutter kommt,
kommt der schwarze Widder,
stößt uns alle nieder,
kommt die weiße Fledermaus,
hebt uns alle wieder auf.«

In den letzten Häuserscheiben spiegelte sich schon das Meer. Wirklich: ausgebrannte Abfallkörbe! Vor einem Haus drehte sich ein weißblauer Zylinder: ein Friseurgeschäft. Eine einzige Frau saß darin, bis zu den Augen unter einer Haube, das Friseurmädchen hockte davor auf den Fersen und lackierte ihr die Zehennägel. Sie spreizte die Zehen, die ziemlich krumm und verwachsen waren, Hornhaut an den Gelenken; und daran erkannte ich Judith: sie war als junges Mädchen Verkäuferin gewesen und hatte sich dabei die Füße verdorben. Jetzt sah ich auch an der Garderobe die braune Wildledertasche stehen; halb offen, Judith hatte wohl daraus den Pudermantel genommen, den sie jetzt um die Schultern trug. Er war aus Brokat und leuchtete tief in der untergehenden Sonne. »Sie ist mit dem Pudermantel nach Amerika gereist!« dachte ich laut. Während die Friseuse ihr nun auch noch die Fingernägel lackierte, beobachtete ich, wie Judith mit zwei Zehen des einen Fußes die große Zehe des andren Fußes umklammerte. Träume, am Morgen aufzuwachen und einen Regenwurm aus dem Mund zu spucken. Ich konnte nicht wegschauen. Judith bewegte sich auf dem Stuhl, mit einem zornigen Ruck, als nähme sie etwas vorweg. In einer unerklärlichen Erinnerung quietschte durchdringend ein Korken, der mit dem Mund aus einer Flasche gezogen wurde. Die Friseuse schaute auf, halbblind von den Fingern, die sie sich so nah vors Gesicht gehalten hatte, ich trat schnell aus ihrem Blickfeld.

Fischskelette zwischen den Kanalgittern; Schwämme in den Ritzen der Blockhütten; Leute, die vor die Häuser traten, zum Himmel schauten und wieder hineingingen; als Pionierdenkmäler diesmal Fässer mit Schmierseife und Schweineschmalz vor dem Supermarkt, mit Inschriften, die von der Gründung des Ortes erzählten. Ein Betrunkener mit offenem Hosenschlitz, die nackte Haut darunter, bog ab und kam steif auf mich zu. Ich machte ihm Platz, und er stolperte über die Stelle, an der ich gerade noch gestanden hatte, fiel mit dem Bauch in eine Regenlache.

Die Neonstraßenbeleuchtung wurde angeschaltet, obwohl es noch hell war; eine der Röhren flackerte. Ich hatte ein Haar im Mund, das ich nicht loswurde. Es war mir auch angenehm, so hatte ich beim Gehen eine Geste, mit der ich mich beschäftigen konnte. Ab und zu lief ich. Ich ging die Küstenstraße entlang, wo schon keine Häuser mehr standen, bis ich im Meer die zwei schwarzen Klippen sah. Hier überquerte ich die Straße und ließ mich an der Ausbuchtung, die auf der Ansichtskarte angekreuzt war, auf dem Koffer nieder. Die Sonne war gerade untergegangen, es war windig geworden. Die Ausbuchtung war Aussichtsplatz und zugleich Bushaltestelle. Selten fuhr ein Auto vorbei. Ich schaute auf den Strand, der ziemlich tief unter mir lag. Er war felsig, in dem schäumenden Wasser schwammen Holzprügel. Der Aussichtsplatz war durch ein Geländer gesichert. Eine Frau stand noch dort, neben ihr ein idiotisches Kind, das immer wieder auf das Geländer stieg. Die Frau hielt es fest, es schrie immer wieder das Meer unten an und ließ sich herunterheben. Ein Bus mit der

Aufschrift Bay City hielt an, sie stiegen ein, und ich blieb allein zurück.
Ich schaute auf den Stillen Ozean hinaus. Obwohl das Wasser von der Sonne noch nachglänzte, war es tief dunkel. Ich wollte den ersten Eindruck von ihm wiederholen, die steif aufragende Felswand: aber es blieb als flaches Meer vor mir liegen, bis sich das Gehirn verkrampfte.
Der erste Eindruck von Judith: warum konnte ich ihn nicht mehr zurückrufen? Ich versuchte es: eine süße Zuneigung, die mich aufhob und federleicht machte. War das nicht das Maß, mit dem wir immer miteinander hätten umgehen müssen? Ich hatte es vergessen, wir konnten einander nur noch mit verzerrten Gesichtern betrachten.
Wieder der Blick auf das Meer: es war so leer, daß ich mir wie davon aufgefressen vorkam. Nebelschwaden zogen über den Strand. Vor Erschöpfung klafften die symmetrischen Teile meines Körpers auseinander, mir wurde übel von den unausgefüllten Zwischenräumen. Verstolpert, verdreckt, verhunzt. In den beliebig verfügbaren Posen der Entfremdung hatte ich mich nun zu lange schon wohlgefühlt; von allen hatte ich mich distanziert, indem ich sie zu »Wesen« werden ließ: *dieses Lebewesen*, hatte ich von Judith gesagt, *dieses Ding: dieser, diese, dieses*. Ich steckte mir beide Hände zwischen die Beine und krümmte mich zusammen. Ein Hubschrauber flog niedrig über die Straße, blinkte den Asphalt an.
Es wurde still. Von ganz weitem hörte man ein Flugzeug; sein Dröhnen war so leise, daß vom Lauschen der Kopf wehtat.
Ich schaute mich um und sah Judith mit der Tasche zwischen den letzten Häusern von Twin Rocks hervorkommen. An der anderen Straßenseite blieb sie stehen, schaute nach links und nach rechts, kam dann herüber. Sie hatte ein Kopftuch auf, vielleicht waren die Haare noch nicht trocken. Hinter ihr war

es schon fast dunkel, sie hatte den Revolver auf mich gerichtet. »Sie nimmt mich ernst!« dachte ich. »Wirklich, sie nimmt mich ernst!« Sie spannte den Hahn. Das Geräusch war so leise, daß man es nur in der Vorstellung hörte und gar nicht daran glauben wollte. Ich war zu Asche verbrannt, aber noch ganz, würde nur bei der kleinsten Berührung auseinanderfallen. Das war es also! Und dafür hatte ich geglaubt, geboren zu sein! Enttäuscht stand ich vom Koffer auf und ging ihr entgegen. Mit götzenhaft starren Gesichtern gingen wir aufeinander zu; auf einmal drehte sie den Kopf weg und schrie, so schrill, daß ihr, wie bei einem brüllenden Kind, die Luft aussetzte. Ich hielt den Atem an, bis sie weiterschreien würde, sie mußte gleich weiterschreien, noch einmal so laut; sie blieb aber still, verschluckte sich nur, es würgte sie, und ich nahm ihr den Revolver aus der Hand.

Wir standen nebeneinander, traten von einem Fuß auf den andern, ratlos und mißmutig. Ich warf den Revolver ins Meer, er fiel auf eine Klippe, ein Schuß löste sich, es zischte im Wasser, Judith drückte sich mit der Faust die Lippen an die Zähne.

Wir gingen auf und ab; wenn der eine sich bewegte, blieb der andere stehen. Es wurde Nacht, und ein hellbeleuchteter Autobus schwenkte herein; es war ein Greyhound-Bus, nur wenige Leute darin, Kissen in den Nacken. Der Fahrer winkte uns. Ich fragte, wohin er fuhr, und er sagte: »Nach Süden.« Wir stiegen ein, und schon am nächsten Morgen waren wir in Kalifornien.

Der Filmregisseur John Ford war damals sechsundsiebzig Jahre alt und lebte in seinem Haus in Bel Air, nicht weit von Los Angeles. Er hatte seit sechs Jahren keinen Film mehr gedreht. Das Haus ist im Kolonialstil gebaut, meist saß er davor auf der Terrasse und redete mit alten Freunden. Von der Terrasse geht der Blick in ein Tal hinunter, in dem Orangenbäume und Zypressen stehen. Für die Besucher gibt es Korbsessel, die nebeneinander aufgereiht sind, davor kleine Fußschemel mit indianischen Decken. Wenn man darin sitzt und redet, fängt man bald an, dem andern eine Geschichte zu erzählen.

John Ford war weißhaarig, sein Gesicht faltig, mit weißen Bartstoppeln dazwischen. Er trug eine schwarze Augenklappe, mit dem anderen Auge schaute er finster vor sich hin, ab und zu zupfte er sich unter dem Kinn an dem Halslappen. Er war bekleidet mit einer marineblauen Jacke und weiten Khakihosen, an den Füßen helle Stoffschuhe mit dicken Gummiabsätzen. Wenn er redete, auch im Sitzen, hatte er die Hände in den Hosentaschen; er machte keine Gesten. Sobald er mit einer Geschichte zuende war, drehte er den Kopf ganz herum, zu Judith und mir, bis er uns mit seinem Auge sehen konnte. Sein Kopf war groß, seine Miene streng, er lächelte nie; man wurde ernst in seiner Gegenwart, auch wenn man über seine Erzählungen lachen mußte. Manchmal erhob er sich und goß Judith eigenhändig kalifornischen Rotwein nach; ich konnte mich aus einer Flasche Brandy bedienen. Später kam seine Frau Mary Frances aus dem Haus, die wie er von der Ostküste stammte, aus dem nördlichen Bundesstaat Maine, wie er ein Kind irischer Einwanderer, und hörte ihm zu wie wir. Man schaute von der schattigen Terrasse ins Licht hinaus; von allen Seiten stiegen Gewitterwolken auf.

»Im Dorf meiner Eltern in Irland gibt es einen Krämerladen«, erzählte John Ford, »wo ich als Kind, wenn ich etwas einkaufte, als Wechselgeld immer Bonbons herausbekam, die schon in einem Eimer bereitstanden. Vor einigen Wochen war ich noch einmal dort, zum ersten Mal seit über fünfzig Jahren, und wollte mir in dem Laden Zigarren kaufen. Und was passierte? Man griff in einen Eimer unter der Kasse und gab mir auf meinen Geldschein Bonbons heraus!«

John Ford wiederholte vieles, was ich schon auf der Reise von Claire und andern über Amerika gehört hatte; seine Meinungen waren nicht neu, aber er erzählte die Geschichten dazu und zeigte, wie es zu diesen Meinungen gekommen war. Oft, wenn er nach etwas Allgemeinem gefragt wurde, machte er Gedankensprünge und erzählte von Einzelheiten, vor allem von einzelnen Menschen. Bei Fragen nach Amerika fielen ihm immer wieder Leute ein, mit denen er zu tun gehabt hatte. Er beurteilte sie nie, gab nur wörtlich wieder, was sie gesagt hatten, und was er mit ihnen erlebt hatte. Er nannte auch nur Leute beim Namen, die seine Freunde waren. »Es ist unerträglich, mit jemandem verfeindet zu sein«, sagte John Ford. »Plötzlich wird der andere namenlos, ein bloßes Gebilde, sein Gesicht tritt in den Schatten und wird undeutlich, entstellt, und wir können nur noch flüchtig hinschauen, von unten herauf, wie eine Maus. Wir werden uns selber zuwider, wenn wir einen Feind haben. Und trotzdem haben wir immer Feinde gehabt.«

»Warum sagen Sie ›wir‹ statt ›ich‹?« fragte Judith.

»Wir Amerikaner sagen ›wir‹, auch wenn wir von unseren Privatsachen reden«, antwortete John Ford. »Das kommt vielleicht daher, daß für uns alles, was wir tun, Teil einer gemeinsamen öffentlichen Aktion ist. Ich-Geschichten gibt es nur dort, wo einer für alle anderen steht. Wir gehen mit unserem Ich nicht so feierlich um wie ihr. Bei euch sagen ja sogar die Verkäuferinnen, die doch Sachen verkaufen, die ihnen gar nicht gehören: ›*Mir* ist das und das gerade ausgegangen!‹, oder ›*Ich* habe auch noch ein Hemd mit einem Kosakenkragen hier!‹ So ist es mir selber drüben passiert, das habe ich wirklich erlebt«, sagte John Ford. »Andrerseits ahmt ihr einander so nach und versteckt euch so hintereinander; daß sogar die Dienstmädchen am Telefon sich mit der Stimme der Hausherrin melden«, sagte er. »Ihr sagt immer ›ich‹ und fühlt euch doch geschmeichelt, wenn ihr mit jemand anderm verwechselt werdet. Und dann wollt ihr doch wieder ganz unverwechselbar sein! Deswegen *schmollt* ihr immer, seid beleidigt, jeder ist etwas Besonderes. Hier in Amerika gibt es kein Schmollen, und niemand zieht sich in sich selber zurück. Wir sehnen uns nicht danach, einsam zu sein; man wird verächtlich, wenn man allein bleibt, schnüffelt nur noch an sich selber herum, und wenn man dann auch nur noch mit sich selber redet, hört man immer schon nach dem ersten Wort zu reden auf.«

»Träumen Sie oft?« fragte Judith.

»Wir träumen kaum mehr«, sagte John Ford. »Und wenn, dann vergessen wir es. Wir reden über alles, so bleibt zum Träumen nichts mehr übrig.«

»Erzählen Sie von sich selber«, sagte Judith.

»Immer wenn ich über mich selber reden sollte, kam es mir vor, als ob es dazu noch zu früh sei«, antwortete John Ford. »Meine eigenen Erlebnisse lagen nie weit genug zurück. So rede ich lieber davon, was andre vor mir erlebt haben. Ich habe ja auch lieber Filme gemacht, die vor meiner Zeit spielen. Nach dem, was ich selber erlebt habe, sehne ich mich kaum zurück, aber das Heimweh ist groß nach Dingen, die ich nie tun konnte, und nach Orten, wo ich nie gewesen bin. Als Kind bin ich einmal von einer Bande italienischer Einwandererkinder verprügelt worden – obwohl wir alle katholisch waren! Einer davon, ein Dicker, verhielt sich besonders tückisch, er spuckte und trat mich nur, ohne die Hände zu rühren. Eine Stunde darauf sah ich ihn ohne die andern allein die Straße hinuntergehen, sehr dick, mit Plattfüßen, und auf einmal kam er mir unerträglich einsam vor, ich hatte eine Sehnsucht, ihm gefällig zu sein und ihn zu trösten. Und wir sind auch wirklich Freunde geworden!« Er dachte nach: »Damals trug ich noch kurze Hosen!« sagte er nach einer Weile.

Er schaute hinunter ins Tal, wo noch die letzte Sonne durch die Blätter der Orangenbäume schien. »Wenn ich die Blätter sich so bewegen sehe, und die Sonne scheint durch, habe ich das Gefühl, daß sie sich schon seit einer Ewigkeit so bewegen«, sagte er. »Es ist wirklich ein Gefühl der Ewigkeit, und ich vergesse dabei ganz, daß es eine Geschichte gibt. Ihr würdet es ein mittelalterliches Gefühl nennen, einen Zustand, in dem alles noch Natur ist.«

»Aber die Orangenbäume sind doch angepflanzt und nicht Natur«, sagte Judith.

»Wenn die Sonne durchscheint und darin spielt, vergesse ich das«, sagte John Ford. »Und ich vergesse auch mich selber und meine Anwesenheit. Ich möchte dann, daß nichts mehr sich ändert, daß sich die Blätter immer weiter bewegen, daß die Orangen nicht gepflückt werden, daß überhaupt alles bleibt, wie es ist.«

»Und dann möchten Sie auch, daß die Menschen gleich weiterleben, wie sie seit jeher gelebt haben?« fragte Judith.

John Ford schaute sie finster an. »Ja«, sagte er, »das möchten wir. Bis vor einem Jahrhundert haben noch die Leute für den Fortschritt gesorgt, die die Macht hatten, ihn auch herbeizuführen: von der Neuzeit an bis vor kurzem gingen die Heilslehren immer von den Machthabern selber aus: von den Fürsten, den Fabrikherren, den *Wohltätern*. Jetzt sind aber die Machthaber keine Wohltäter der Menschheit mehr, höchstens gebärden sie sich als Wohltäter an einzelnen, und nur noch die Armen, die Mittellosen und Machtlosen, denken sich

etwas Neues aus. Die, die allein etwas ändern könnten, machen sich keine Gedanken mehr, und so muß alles beim alten bleiben.«
»Wollen Sie das?« fragte Judith.
»Ich will es nicht«, sagte John Ford. »Aber das ist es eben, was mir durch den Kopf geht, wenn ich so hinunterschaue.«
Eine indianische Haushälterin kam heraus, auf einen Stock gestützt, und breitete ihm eine Decke über die Knie. »Sie hat in einigen meiner Filme mitgespielt«, sagte John Ford. »Sie wollte eine richtige Schauspielerin werden, aber sie kann nicht reden, sie ist stumm. So ist sie Seiltänzerin geworden. Dann ist sie abgestürzt, und später ist sie wieder zu mir gekommen.«
»Auf dem Seil hat sie sich wohl gefühlt«, sagte er. »Es kam ihr vor, daß sie auf einmal reden könnte. Noch jetzt setzt sie die Füße auf wie auf einem Seil.«
»Es gibt ja Haltungen, in denen man sich plötzlich bei sich selber fühlt«, sagte John Ford. »Ja, das bin ich wirklich! denkt man. Und leider ist man meistens allein, wenn einem das gelingt. Dann versucht man es gleich in Gesellschaft und verliert sich dabei wieder, nimmt eine Pose ein. Das ist das Unglück. Es ist lächerlich. Man möchte beim Nachdenken überrascht werden und nicht bei seinen Eigenheiten. Einmal sagt man die Wahrheit und erschrickt selber darüber. Das Glücksgefühl ist so groß, daß man es allein nicht mehr aushält und sofort wieder die Wahrheit sagen möchte, und dann lügt man natürlich. Ich lüge noch immer«, sagte John Ford. »Gerade wußte ich noch, was ich wollte, und jetzt habe ich es verloren. Ich bin nur glücklich, wenn ich genau weiß, was ich will. Dann glaube ich, keine Zähne mehr im Mund zu haben, vor lauter Glück.«
Er führte uns in sein Zimmer und zeigte auf den Stapel von

Drehbüchern, die ihm immer noch geschickt wurden. »Es sind schöne Geschichten darunter, einfach und klar. Man braucht solche Geschichten.« Seine Frau stand hinter uns in der Tür; er schaute sich nach ihr um, und sie lächelte. Die Haushälterin brachte ihm Kaffee in einer Blechtasse, er trank mit erhobenem Kopf, weiße Haarbüschel ragten ihm aus den Ohren, die andere Hand stützte er in die Hüfte. Seine Frau kam näher und wies auf die Fotos an der Wand: auf dem einen davon sah man John Ford beim Drehen eines Films, in einem x-förmigen Regiesessel, eine Bienenschutzhaube über dem Gesicht, einige Leute stehend und sitzend neben ihm, ebenfalls Schutzhauben übergestülpt, zu seinen Füßen ein Hund mit umgelegten Ohren; auf dem andern Foto war er gerade mit einem Film fertig geworden, er kniete auf einem Bein, hielt das Stativ fest, die Schauspieler umringten ihn, die Köpfe ihm zugeneigt, einer mit der Hand auf der Kamera, als ob er sie streichelte. »Das war der Tag, an dem ›The Iron Horse abgedreht wurde«, sagte John Ford. »Dabei spielte eine junge Schauspielerin mit, die immerzu weinte. Wenn sie zu weinen aufhörte, wischte man ihr die Tränen ab, und dabei erinnerte sie sich an ihren Kummer und fing von neuem zu weinen an.«

Er schaute aus dem Fenster, und wir folgten seinem Blick: man sah einen Hügel, der mit Gras und blühenden Sträuchern bewachsen war; ein Weg führte in Serpentinen um den Hügel herum bis zur Kuppe hinauf. »In Amerika gibt es keine Wege, nur Straßen«, sagte John Ford. »Ich habe diesen Weg angelegt, weil ich gern in der frischen Luft herumgehe.« Auf seinem Bett lag eine Marinedecke, darüber an der Wand hing ein Bild der »Mutter Bernini«, der ersten Heiligen von Amerika, über die er einmal einen Film drehen wollte.

Seine Frau setzte sich ans Akkordeon, das im Zimmer stand, und spielte »Greensleeves«. Die Indianerin brachte auf einem

Tablett heiße Maisbrotscheiben, auf denen Butter zerlassen war. Wir aßen und blickten aus dem Fenster. »Inzwischen schauen uns die Schweinsohren aus dem Pelz«, sagte John Ford plötzlich. »Wollen Sie mich ein bißchen begleiten?«
Er reichte Judith den Arm, und wir stiegen mit ihm den Hügel hinauf. Der Weg war mit hellem Staub bedeckt; es fielen schon ein paar Regentropfen, und wo sie aufschlugen, schrumpfte der Staub zu kleinen Kugeln zusammen. John Ford erzählte; wenn einer von uns zurückblieb, hielt er inne, weil er nicht auf uns herunterreden wollte. Er sprach von seinen Filmen und sagte immer wieder, daß die Geschichten darin lebenswahr seien. »Nichts davon ist erfunden«, sagte er. »Alles passierte wirklich!«
Wir setzten uns auf der Hügelkuppe ins Gras und schauten ins Tal hinunter. Mit einem langen Küchenstreichholz zündete er sich eine Zigarre an. »Ich möchte immer in Gesellschaft sein«, sagte John Ford, »und ich möchte auch immer als letzter aus einer Gesellschaft weggehen, weil ich nicht will, daß jemand von den Zurückbleibenden mich verurteilt, und auch verhindern möchte, daß ein andrer, der weggeht, verurteilt wird. So habe ich auch meine Filme gedreht.«
Auf den gegenüberliegenden Hügeln blitzte es schon. Das Gras um uns herum war hoch, mit hellen und dunklen Schatten lief manchmal der Wind durch. Die Blätter der Bäume wurden umgedreht, flimmerten wie verwelkt. Eine Zeitlang war es windstill. Dann raschelte hinter uns ein Gebüsch, während alle anderen Büsche ganz ruhig blieben. Der Wind in dem Gebüsch legte sich, und einen Augenblick später rauschte unten neben dem Haus ganz kurz eine Baumkrone auf. Alles war dann ruhig, ohne Bewegung: eine lange, anhaltende Windstille; und plötzlich rieselte zu unseren Füßen wieder das Gras. Man blinzelte, und schon war es ringsherum

düster geworden, die Gegenstände dicht auf der Erde. Die Luft wurde drückend. Vor uns platzte eine dicke gelbe Spinne, die gerade noch auf einem Strauchblatt gesessen hatte. John Ford wischte sich im Gras die Finger ab, drehte dabei den Siegelring um, als ob er etwas herbeizaubern wollte. Auf meinem Handrücken kitzelte es. Ich schaute hin und sah einen Schmetterling, der gerade die Flügel zusammenfaltete; zugleich senkte Judith die Wimpern. Man brauchte nur einen Atemzug weniger zu tun, um es zu sehen. In den Orangenbäumen unten im Tal hörte man es schon regnen. »In der letzten Woche sind wir nachts durch die Wüste gefahren«, sagte John Ford, »drunten in Arizona. Es ist so viel Tau gefallen, daß wir den Scheibenwischer einschalten mußten.« DOWN IN ARIZONA: bei diesen Worten fing ich mich zu erinnern an. John Ford saß in sich gekrümmt da, das Auge fast geschlossen. Weil wir eine Geschichte erwarteten, beugten wir uns leicht vor, und ich merkte, daß ich dabei die Bewegung wiederholte, mit der in einem seiner Filme jemand, ohne sich von der Stelle zu bewegen, sich mit langem Hals zu einem Sterbenden beugt, um zu sehen, ob er noch lebte. »Erzählt nun eure Geschichte!« sagte John Ford.

Und Judith erzählte, wie wir hierher nach Amerika gekommen waren, wie sie mich verfolgt hatte, wie sie mich beraubt hatte und mich umbringen wollte, und wie wir nun endlich bereit waren, friedlich auseinanderzugehen. Als sie mit unsrer Geschichte fertig war, lachte John Ford still, übers ganze Gesicht.

»Ach Gott!« sagte er auf deutsch.

Er wurde ernst und drehte sich zu Judith hin.

»Und das ist alles wahr?« fragte er auf englisch. »Nichts an der Geschichte ist erfunden?«

»Ja«, sagte Judith, »das ist alles passiert.«

Geschrieben im Sommer und Herbst 1971

Der verfolgte Verfolger

Befremdlich: »Im Sumpfgras taumelten weiße Motten herum. Ich hörte nichts, die Ohren hingen plötzlich schwer am Kopf, wie einmal, als ich im Morgengrauen neben der Großmutter aufwachte, die gerade gestorben war.« Zwei Sätze von Peter Handke, die Natur und Erinnerung so ineinander weben, dass das Ergebnis leise schockiert. Ähnlich wirkte das Buch, aus dem sie stammen, als es 1972 erstmals veröffentlicht wurde: die Erzählung »Der kurze Brief zum langen Abschied«. Der 1942 geborene Österreicher Handke war gerade erst berühmt geworden durch aggressive »Publikumsbeschimpfung« (so hieß ein 1966 uraufgeführtes Anti-Theater-Stück von ihm), durch wütende Attacken auf die »Beschreibungsimpotenz« der damals führenden Literatenvereinigung Gruppe 47, durch literarische Formzertrümmerung, durch furiose Sprach- und Klischee-Kritik. Und nun dies: eine brav geradlinig, in Ich-Form erzählte, melancholisch stimmende Reise- und Liebesgeschichte, die mit der Tradition des klassischen Bildungsromans nicht nur spielt, sondern an deren Helden, etwa den »Grünen Heinrich« von Gottfried Keller, auch ausdrücklich erinnert. Nach dem für damalige Avantgardisten ebenso wie für linke Achtundsechziger allzu bürgerlich anmutenden Motto: Ich interessiere mich nicht für gesellschaftliche Strukturen, sondern nur für »Geschichten von einzelnen Leuten«, wie Handke formulierte.

Die »Frankfurter Allgemeine Zeitung« nannte den unerhörten Fall politisch doppeldeutig eine »Revision«. Sprache werde nicht mehr, wie vorher bei diesem Autor, »vorgezeigt als ein Ritual der Herrschaft und Abhängigkeit«, sondern »als Medium von Aussagen benutzt«. Bildungsbürgerliche Dienstleistungsprosa sozusagen. Von Handkes »Flucht zu sich selbst« war auch die Rede, der »Rheinische Merkur« titelte »Handkes Weg zurück« und die »Frankfurter Rundschau« sprach böse von einem »Rück-Bildungsroman«.

In der Tat markiert diese Handke-Erzählung (durchaus kein Roman) den Beginn einer Abkehr des Autors vom provokativen Zweifel am eigenen Handwerkszeug, auch vom durchgängigen Daseins-Ekel des vorherigen Erzählbuchs »Die Angst des Tormanns beim Elfmeter« (1970). »Der kurze Brief zum langen Abschied« bildet werkgeschichtlich eine Brücke zu der wenig später publizierten Erzählung »Wunschloses Unglück« (1972), Handkes eindrucksvollem, von manieristischen Spreizübungen weitgehend freien Bericht über Leben und Tod einer »Hausfrau aus A. (Gemeinde G.)«, in dem der Autor die eigene Sprachlosigkeit nach dem Selbstmord der Mutter überwindet. Sprache verliert dabei endgültig den Makel von Falle und Folter, sie erscheint, ganz im Gegenteil, als wunderbare Chance, einen unerträglichen Zustand zu gestalten und dadurch erträglich zu machen.

»Der kurze Brief zum langen Abschied« erzählt die Amerika-Reise eines österreichischen Intellektuellen, dem bei seiner Ankunft in einem Hotel nahe New York seine Lebensgefährtin Judith die Zeilen zukommen lässt: »Ich bin in New York. Bitte suche mich nicht, es wäre nicht schön, mich zu finden.« Dieser »Brief«, der dem Buch den Titel gibt, macht schon deutlich: Der Ich-Erzähler sucht in Amerika nicht nur die Befreiung aus mitteleuropäischer Enge, sondern vor allem

Klarheit in seinem Verhältnis zu einer geliebten Frau und zu sich selbst.

Ruckartig versetzt der Brief ihn zurück in die Kindheit, als er zum Schutz »vor den amerikanischen Bombern« ins Haus getragen wurde. Auch damals hatte er einen geliebten Menschen, wohl die Mutter, vermisst: »In einer Dämmerung, um so fürchterlicher, als sie noch immer nicht Nacht war, stolperte ich mit lächerlich baumelnden Armen den schon in sich zusammengesunkenen Wald entlang, aus dem nur die Flechten an den vordersten Baumstämmen noch herausschimmerten, rief ab und zu etwas, indem ich stehen blieb, kläglich leise vor Scham, und brüllte schließlich aus der tiefsten Seele, als ich mich vor Entsetzen schon nicht mehr schämen konnte, in den Wald hinein nach jemandem, den ich liebte und der am Morgen in den Wald gegangen und noch nicht herausgekommen war.«

Wie in dieser Rückblende, so objektiviert die Erzählung immer wieder seelische Ausnahmesituationen zu bedrängenden Bildern. In Philadelphia hat der Held der Geschichte plötzlich den Eindruck, Judith wohne im selben Hotel wie er, dann stellt er fest, dass sie vor zwei Tagen abgereist ist: »Ich wurde wütend; dann verging die Wut, und ein Grausen wurde so stark, daß die Gegenstände im Zimmer mit Fledermausflügeln zu flattern schienen.«

Die gespannte Nervosität, mit der das erzählende Ich Hotelszenen und Landschaften, Flughäfen und Stadtbilder, überhaupt den ganzen Kontinent registriert, ergibt sich formal aus der – etwas aufgepfropft wirkenden – kriminalistischen Konstruktion der Geschichte: Der Mann, der Judith sucht und zwischendurch auch mal eine Ersatz-Judith namens Claire umarmt, wird von eben dieser Judith verfolgt. Einmal lässt sie ihn von einer Jugendbande ausrauben, schließlich droht sie gar, ihn zu erschießen. Der so Bedrängte hat allen Grund, auf jedes Detail seiner Umgebung ängstlich zu achten.

Aber das hypersensible Reagieren auf die kleinsten Dinge, sei es nun der Wind im Gebüsch oder die platzende Spinne im Gras, ist auch ohne diese Rahmenkonstruktion die poetische Grundmelodie des Autors, dem die zeitgeschichtliche Einordnung und Zuspitzung seiner Geschichten eher fernliegt. So bleibt denn auch das Amerikabild dieser Erzählung seltsam blass und pointillistisch. Ein Film John Fords, bemerkt der Erzähler einmal zu Claire, habe ihn den »Sinn für Geschichte durch Anschauung von Menschen in der Natur gelehrt«, das habe ihn »heiter« gestimmt. Der Satz komprimiert die Poetik des ganzen Buches.

Noch die märchenhafte Sequenz am Schluss, wenn der Erzähler zusammen mit Judith John Ford in Kalifornien besucht, verschränkt Naturbild und Lebensbilanz auf eindrucksvolle Weise: Raschelnde Blätter, Windstille und ein Blick ins malerische Tal grundieren die Situation, in der die beiden John Ford ihre Lebensgeschichte erzählen. Als sie damit fertig sind, seufzt der Filmveteran »auf deutsch«: »Ach Gott!«. Und das Paar, das sich endlich gefunden hat, geht friedlich auseinander.

Auch mit diesem Ende bedient Handke eine uralte Erwartung an den Bildungsroman. Ob im frühen »Parzival«-Epos des Wolfram von Eschenbach aus dem 13. Jahrhundert oder in Goethes Roman »Wilhelm Meisters Lehrjahre« (1795/96), wo ein lebenshungriger Kaufmannssohn Theaterträume spinnt und seine »Wanderung in die Welt« wagt: Stets erweitert eine »aventiure« nach der anderen den Welthorizont des ruhelos Reisenden, und am Ende strahlt die mühsam errungene Balance von Fortgehen und Ankommen, Wirklichkeitserfahrung und Selbstwerdung eine Art Reife aus, die versöhnlich stimmt. *Mathias Schreiber*

PETER HANDKE, 1942 in Griffen, Kärnten, als Österreicher mit slowenischen Wurzeln geboren, begann nach dem Abitur, in Graz Jura zu studieren. Sein Roman »Die Hornissen« verschaffte ihm 1966 seinen ersten literarischen Erfolg. Mit seinem provokanten Theaterstück »Publikumsbeschimpfung«, das wie viele seiner folgenden Stücke von Claus Peymann uraufgeführt wurde, gelang ihm im gleichen Jahr der Durchbruch als Autor. Werke wie »Die Angst des Tormanns beim Elfmeter«, »Der Ritt über den Bodensee« und »Der kurze Brief zum langen Abschied« sicherten Handke in den siebziger Jahren einen Platz unter den bedeutendsten deutschsprachigen Autoren seiner Generation. Für einige seiner Erzählungen und Romane schrieb Handke auch die Drehbücher und führte bei einzelnen Verfilmungen Regie. Für den Film »Der Himmel über Berlin« von Wim Wenders schrieb er das Drehbuch. Darüber hinaus machte er sich auch als Übersetzer von slowenischen und französischen Texten einen Namen.

Aufgrund seiner heftigen Parteinahme für Serbien im Zusammenhang mit dem Balkankonflikt Anfang der neunziger Jahre geriet Handke politisch und literarisch in die Kritik. Viele seiner Werke wurden mit zahlreichen bedeutenden Preisen ausgezeichnet, unter anderem 1973 mit dem Georg-Büchner-Preis, 1983 mit dem Franz-Grillparzer-Preis, 1987 mit dem Großen Österreichischen Staatspreis für Literatur, 1995 mit dem Schiller-Gedächtnispreis sowie 2004 dem Siegfried Unseld Preis. Ferner ist Handke Ehrendoktor der Universitäten von Eichstätt, Salzburg und Klagenfurt. Der Autor lebt in Chaville bei Paris.

Die folgende Titelauswahl von Peter Handke ist lieferbar:

Die Hornissen
Suhrkamp Verlag / suhrkamp taschenbuch 1966/1995

Die Angst des Tormanns beim Elfmeter
Suhrkamp Verlag / suhrkamp taschenbuch 1970/2003

Der Ritt über den Bodensee
edition suhrkamp 1971

Wunschloses Unglück
Residenz Verlag / suhrkamp taschenbuch 1972/2005

Die Geschichte des Bleistifts
suhrkamp taschenbuch 1985

Das Gewicht der Welt Ein Journal
suhrkamp taschenbuch 2003

Don Juan (erzählt von ihm selbst)
Suhrkamp Verlag, suhrkamp taschenbuch 2004/2005

Die linkshändige Frau
suhrkamp taschenbuch 2006

SPIEGEL Edition DIE BESTSELLER.

01 *Javier Marías* Mein Herz so weiß

02 *Günter Grass* Das Treffen in Telgte

03 *Golo Mann* Wallenstein

04 *Wolfgang Büscher* Berlin–Moskau

05 *Leon de Winter* Hoffmans Hunger

06 *John Updike* Ehepaare

07 *Nelson Mandela* Der lange Weg zur Freiheit

08 *Marion Gräfin Dönhoff* Kindheit in Ostpreußen

09 *Ian McEwan* Abbitte

10 *Thomas Brussig* Helden wie wir

11 *Samuel P. Huntington* Kampf der Kulturen

12 *Oliver Sacks* Der Mann, der seine Frau mit einem Hut verwechselte

13 *Saul Bellow* Herzog

14 *J.M. Coetzee* Schande

15 *Willy Brandt* Erinnerungen

16 *Stephen Hawking* Eine kurze Geschichte der Zeit

17 *Philip Roth* Der menschliche Makel

18 *Max Frisch* Montauk

19 *Sebastian Junger* Der Sturm

20 *Sigrid Damm* Christiane und Goethe

21 *Isabel Allende* Das Geisterhaus

22 *Martin Walser* Ein fliehendes Pferd

23 *Victor Klemperer* Ich will Zeugnis ablegen bis zum letzten

24 *Hans Magnus Enzensberger* Einzelheiten I & II

25 *Christoph Ransmayr* Die letzte Welt

26 *Milan Kundera* Der Scherz

27 *Martin Doerry* »Mein verwundetes Herz«

28 *Erich Fromm* Haben oder Sein

29 *Michail Bulgakow* Der Meister und Margarita

30 *Salman Rushdie* Des Mauren letzter Seufzer

31 *Joachim Fest* Hitler

32 *Barbara Tuchman* Der ferne Spiegel

33 *Michel Houellebecq* Plattform

34 *Heinrich Böll* Ansichten eines Clowns

35 *Jörg Friedrich* Der Brand

36 *Bill Bryson* Eine kurze Geschichte von fast allem

37 *Zeruya Shalev* Liebesleben

38 *Peter Handke* Der kurze Brief zum langen Abschied

39 *Rüdiger Safranski* Nietzsche

40 *Marcel Reich-Ranicki* Mein Leben

Weitere Informationen zur SPIEGEL-Edition finden Sie unter www.spiegel-edition.de